走进世界著名城市

本丛书编委会 编

KANTU ZOUTIANXIA CONGSHU

Zoujin Shijie Zhuming Chengshi

看图走天下丛书

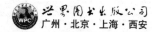

世界图书出版公司

广州·北京·上海·西安

图书在版编目（CIP）数据

走进世界著名城市/《看图走天下丛书》编委会编.
广州：广东世界图书出版公司，2009.9（2024.2 重印）
（看图走天下丛书）
ISBN 978 - 7 - 5100 - 0696 - 8

Ⅰ. 走… Ⅱ. 看… Ⅲ. 城市—世界—青少年读物   Ⅳ.
K915 - 49

中国版本图书馆 CIP 数据核字（2009）第 146147 号

书　　　　名	走进世界著名城市
	ZOUJIN SHIJIE ZHUMING CHENGSHI
编　　　　者	《看图走天下丛书》编委会
责任编辑	柯绵丽
装帧设计	三棵树设计工作组
出版发行	世界图书出版有限公司　世界图书出版广东有限公司
地　　　　址	广州市海珠区新港西路大江冲 25 号
邮　　　　编	510300
电　　　　话	020-84452179
网　　　　址	http://www.gdst.com.cn
邮　　　　箱	wpc_gdst@163.com
经　　　　销	新华书店
印　　　　刷	唐山富达印务有限公司
开　　　　本	787mm×1092mm　1/16
印　　　　张	10
字　　　　数	120 千字
版　　　　次	2009 年 9 月第 1 版　2024 年 2 月第 12 次印刷
国际书号	ISBN　978-7-5100-0696-8
定　　　　价	48.00 元

前　　言

城市是人类社会发展的必然产物，是一个国家或一个地区进步程度的集中体现。现代交通工具的进步，大大压缩了城市间往来的时间，于是人们便可以行走在城市间，感受不同城市的繁华，享受不同城市的气息，猎奇不同城市的风景。

是的，尽管报纸广告里面叫嚣着完美的住宅应该拥有夏天的萤火虫或是冬天的温泉；尽管很多城市犹如一张硬生生的拼图，虽然被建造得非常完美，但拥挤的楼房却让城市失去了原有特色的美；尽管很多人对于城市的噪音、污染、拥堵，当然还有花哨，都是那样地不适应；尽管蓝天白云难得一见……且慢，如果你这么想，未免也太以偏盖全。

因为并不是所有的城市都是那样地张扬或急于表现自己，比如澳大利亚的悉尼，它只是静静地仰躺在南太平洋的一角，以一种柔柔淡淡的目光打量着初来乍到的人们，那目光里含有一丝不易察觉、但一经察觉又会恍然大悟的自信，回应着每一个赞叹的表情。并不是所有的城市都与大自然格格不入，比如冰岛的首都雷克雅未克，它与自然相处得如此和谐，在崇尚回归自然的当今社会里，游客们可以在这享用一些特独的户外运动，午夜高尔夫、三文鱼垂钓、驾驶帆船出海、登山、冰川探险、乘坐狗拉雪橇、骑马以及出海观鲸鱼。也不是所有的城市都充满排斥的情绪，比如荷兰的阿姆斯特丹，它对于外来文化的接纳热情和包容胸襟都是世界一流的，就像迎风飞扬的郁金香，无论用什么养料浇灌，只要生在荷兰这片土地上，开出的一定是姹紫嫣红的美丽；再比如多灾多难的巴格达，城内的古建筑却保留了完美的风貌，不得不令人感慨万千……

诸如这样的城市还有很多，本书限于篇幅，不可能将所有具有魅力的城市全部收入，只能选出其中的一小部分有代表性的城市予以介绍。本书将简要介绍入选城市的地理位置、起源、发展历史和现状，重点描述这些城市的主要特色或特征，而不对它们的政治、经济、文化等进行面面俱到的叙述。希望在您读完这本《走进世界著名城市》之后，对每个城市都能留下一个比较深刻的印象，如佛罗伦萨是世界艺术之都，威尼斯是水上的城市，等等。

目　　录

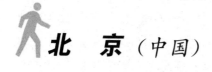

北　京（中国）

　　北京是中华人民共和国的首都，中国中央四个直辖市之一，全国政治、文化和国际交往中心。为中国第二大城市，同时也是中国陆、空交通的总枢纽和最重要的国内国际交往中心。2008年奥运会的成功举办，更是让世人领略了北京这个伟大城市的风采。

▶地理环境

　　全市面积16410.54平方千米。其中市区面积1368.32平方千米，建成区面积1254.2平方千米；山地面积10417.5平方千米，占全市面积的62%；平原面积6390.3平方千米，占全市面积的38%。

　　北京中心位于北纬39°54′，东经116°23′。地处华北平原西北边缘，与天津相邻，并与天津一起被河北省环绕。北京的西、北和东北部群山环绕，东南部是缓缓向渤海倾斜的北京平原。北京平原的海拔高度为20~60米，山地一般海拔1000~1500米，与河北交界的东灵山海拔2309米，为北京市最高峰。境内贯穿五大河，主要是东部的潮白河、北运河，西部的永定河和拒马河。北京的地势是西北高、东南低。西部是太行山山脉余脉的西山，北部是燕山山脉的军都山，两山在南口关沟相交，形成一个向东南展开的半圆形大山弯，人们称之为"北京弯"，它所围绕的小平原即为北京小平原。诚如古人所言："幽州之地，左环沧海，右拥太行，北枕居庸，南襟河济，诚天府之国。"

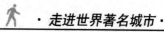

北京的气候为典型的暖温带半湿润大陆性季风气候，夏季炎热多雨，冬寒冷干燥，春、秋短促。2007年全年平均气温14.0摄氏度（北京市气象局）。1月份温度为－7～－4摄氏度，7月份为25～26摄氏度。极端最低－27.4摄氏度，极端最高42摄氏度以上。全年无霜期180～200天，西部山区较短。2007年平均降雨量483.9毫米，为华北地区降雨最多的地区之一。降水季节分配很不均匀，全年降水的80%集中在夏季6、7、8三个月，7、8月常有暴雨。

▶ 历史沿革

早在70万年前，北京周口店地区就出现了原始人群部落"北京人"。而北京建城也已有3000多年的历史，最初见于记载的名字为"蓟"。公元前1045年北京成为蓟、燕等诸侯国的都城；公元前221年秦始皇统一中国以后，北京一直是中国北方重镇和地方中心；自公元938年以来，北京又先后成为辽陪都、金上都、元大都、明、清国都。1949年10月1日正式定为中华人民共和国首都。

公元前11世纪，蓟国是统治中国北方的西周王朝的一个分封国。春秋（前770～前476）中期，位于蓟国西南面的另一个封国燕，吞没了蓟，并迁都于蓟城。从这时起，直到公元前226年燕国被强大的秦国所灭，蓟城一直是燕的都城。据考古学家考证，当年的蓟城就在现北京城区的西南部。

公元938年，蓟城成为辽的陪都。辽是由崛起于中国东北方的少数民族契丹人建立的。因为蓟位于它所辖的疆域的南部，所以改称南京，又叫燕京。一个多世纪以后，另一个少数民族女真人建立的金朝将辽灭亡，并于1153年迁都燕京，改名中都。1214年，金朝因受到新兴的蒙古族军队的进攻，被迫迁都汴京（今河南开封），第二年蒙古铁骑入占中都。1267年，蒙古族首领忽必烈下令在中都城的东北郊筑建新城。四年后这位首领即在兴建中的都城内登上皇帝的宝座，建立了中国历史上的元朝。1276年新城全部建成，这便是意大利旅行家马可·波罗在游记中称之为"世界莫能与比"的元大都。从此，北京取代了长安、洛阳、汴梁等古都的地位，成为中国的政治中心，并延续到明、清两代。1911年10月10日，中国爆发了资产阶级民主主义革命，第二年2月清帝被迫宣告退位。至此，中国最后一个封建王朝溃亡，北京作为帝都的历史到此结束。1912年4月孙中山辞去中国民国临时大总统职务，临时参议院选袁世凯出任，首都迁至北京。

在此后的30多年里，北京历经苦难：先是连年不断的军阀战争，使当年的帝都变得衰微破败；1937年日本侵略军侵入，古城在血与火中苦熬了8年；抗日战争胜利后，国民党政府接管这座城市。1949年10月1日，中华人民共和国成立，北京成为新生的共和国的首都。

现状

北京CBD：综合性产业城市。众多世界500强企业中国总部所在地。综合经济实力保持在全国前列。第三产业规模居中国大陆第一。2008年，北京市地区生产总值10488亿元，同比增长9%。人均GDP达到63029元，在中国大陆仅次于上海市。北京第一、第二、第三产业增加值分别达到98亿、2217.2亿和5405.1亿元（2006年），第三产业规模居中国大陆第一，占地区生产总值的比重达到70%。当年城乡居民可支配收入19978元，比2005年实际增长12.2%，农村居民可支配收入8620元，实际增长8.7%。北京居民具有较高的消费能力，2006年全年累计实现社会消费品零售额为3275.2亿元，比上年增长12.8%。依据2005年国家统计局资料，北京居民的恩格尔系数已经降低到31.8%，按照联合国粮食及农业组织的标准，北京已达到"富裕型"社会，但贫富差距拉大问题在北京同样存在。

北京是中国重要的金融中心和商业中心之一，国家金融宏观调控制部门中国人民银行、银监会、证监会、保监会均在北京。包括四大国有商业银行——中国工商银行、中国建设银行、中国银行、中国农业银

天安门

行在内的中国主要商业银行、国家开发银行、中国农业发展银行等政策
性银行，中国人寿、中国人民财产保险股份有限公司、泰康人寿等全国
性保险公司总部均设在北京。北京同时还聚集了大部分国有大型企业总
部，其中包括中国石化、中国石油、国家电力、中国电信、中国移动通
信、中国联通等企业。大量境外跨国公司在北京建立地区总部。

　　北京市商业总体布局形成多处有较大规模、有良好购物环境和文化
氛围的商业文化中心。著名的商业中心包括王府井、西单、前门，新兴
的以中国国际贸易中心和中央电视台总部大楼为中心的北京商务中心
区、金融街、亮马桥、丽泽商务区等。以电子产品为闻名的中关村、上
地；以古玩闻名的潘家园；以经营服装闻名的动物园、大红门商业圈。
北京城至今仍有有大量的传统商铺，有众多代表百年不变的传统文化的
特色独树一帜的中华老字号企业。北京堪称是集全国之美味的荟萃之
地，在这里几乎可以品尝到中国任何一种菜系和世界各地的美味佳肴。

另外，北京出产的象牙雕刻、玉器雕刻、漆雕、景泰蓝、地毯等传统手工艺品驰誉世界。

▶ 人文风情

　　北京是有着 3000 年历史的国家历史文化名城。北京在历史上曾为五代都城，在从辽朝起的 800 多年里，建造了许多宏伟壮丽的宫廷建筑，使北京成为我国拥有帝王宫殿、园林、庙坛和陵墓数量最多，内容最丰富的城市。其中北京故宫又称紫禁城，这里原为明、清两代的皇宫，住过 24 个皇帝，建筑宏伟壮观，完美地体现了中国传统的古典风格和东方格调，是我国乃至全世界现存最大的宫殿，是中华民族宝贵的文化遗产。天坛以其布局合理、构筑精妙而扬名中外，是明、清两代皇帝"祭天"和"祈谷"

雍和宫全景

的地方，是我国现存最大的古代祭祀性建筑群，也是世界建筑艺术的宝贵遗产。颐和园是北京著名的旅游景点。圆明园是我国最有名的皇家园林，园中山青水绿，在中外园林史上享有盛誉，具有很高的艺术价值，被誉为"万园之园"。明十三陵是北京最大的皇家陵寝墓群，内有明代13个皇帝的陵墓，尤其是现代发掘的明定陵，规模浩大，极为壮观。

庙宇

北京的宗教寺庙遍布京城，现存著名的有：佛教的法源寺、潭柘寺、戒台寺、云居寺、八大处等；道教的白云观等；伊斯兰教的北京牛街礼拜寺等；藏传佛教（喇嘛教）的雍和宫等；天主教西什库天主堂、王府井天主堂等；基督教的缸瓦市教堂、崇文门教堂等。

燕京八景

燕京八景指北京旧时的八个景观，包括蓟门烟树（西土城）、卢沟晓月（卢沟桥）、金台夕照（金台路）、琼岛春荫（北海公园）、居庸叠翠（八达岭）、太液秋风（中南海）、玉泉趵突（玉泉山）和西山晴雪

八达岭长城

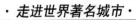

（香山、八大处）。北京地区八景的说法最早见于金代古籍《明昌遗事》，此后历代方志包括《宛署杂记》（明）、《宸垣志略》（清）等对燕京八景均有提及，早期的燕京八景与之后的燕京八景略有出入，至清乾隆年间，乾隆皇帝亲自主持修订了燕京八景的说法并下旨建造御书燕京八景碑，燕京八景的景观和描述才固定下来。

京剧

京剧是地道的中国国粹，深受京城老百姓的喜爱，走在北京的街头，经常可以听到路边传来抑扬顿挫的京戏段子。京剧的源头还要追溯到几种古老的地方戏剧，1790 年，安徽的四大地方戏班——三庆班、四喜班、春公班、和春班——先后进京献艺，获得空前成功。徽班常与来自湖北的汉调艺人合作演出，于是，一种以徽调"二黄"和汉调"西皮"为主，兼收昆曲、秦腔、梆子等地方戏精华的新剧种诞生了，这就是京剧。在 200 年的发展历程中，京剧在唱词、念白及字韵上越来越北京化，使用的二胡、京胡等乐器，也融合了多个民族的特色，终于成为一种成熟的艺术。京剧集歌唱、舞蹈、武打、音乐、美术、文学于一体，与西方歌剧有类似之处，所以被西方人称为"peking opera"。除京剧外，北京还有双簧、相声、评书、京韵大鼓等，样样堪称国粹。

胡同

胡同是最具北京特色的民居之一，最早起源于元朝，"胡同"一词在蒙古语中是"小街巷"的意思。北京的大小胡同星罗棋布，数目达到7000 余条，每条都有一段掌故传说。胡同的名称五花八门，有的以人物命名，如文丞相胡同；有的以市场、商品命名，如金鱼胡同；有的以北京土语命名，如闷葫芦罐胡同等。经调查，北京最古老的胡同是三庙街，至今已有 900 多年的历史；最长的胡同是东西交民巷，全长 3.25千米；最短的胡同，长不过十几米；最窄的胡同要数前门大栅栏地区的钱市胡同，宽仅 0.7 米；而位于东城区的南锣鼓巷，现在已经成为北京八条特色商业街之一。

四合院

四合院就是东南西北四面建房，合围出一个院子，院子的外墙又组成了胡同的边墙。院内北房为正房，东西两侧为厢房，除大门外，没有窗户或通道与胡同相连。四合院里宁静、封闭，是老北京的传统民居。散落在市区的名人故居和王府一般都是比较正宗的四合院，如前海西街的恭王府。近年来北京的高楼大厦越建越多，四合院已经不多见了，现在只有在二环路里还有两片较完整的四合院区。

中轴线

北京中轴线是指明、清北京城的中轴线，北京的城市规划具有以宫城为中心左右对称的特点。北京的中轴线南起永定门，北至钟鼓楼，长约 7.8 千米。从南往北依次为，永定门、前门箭楼、正阳门、中华门、天安门、端门、午门、紫禁城、神武门、景山、地安门、后门桥、鼓楼和钟楼。从这条中轴线的南端永定门起，就有天坛、先农坛；太庙、社稷坛；东华门、西华门；安定门、德胜门以中轴线为轴对称分布。中国

故　宫

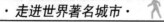

著名建筑大师梁思成曾经说："北京的独有的壮美秩序就由这条中轴线的建立而产生。"永定门、中华门、地安门都在中华人民共和国成立后被拆毁，而近年来又重新修建了永定门城楼。

城池

北京城池是中国历史上最后两代王朝明和清的都城城防建筑的总称，由宫城、皇城、内城、外城组成，包括城墙、城门、瓮城、角楼、敌台、护城河等多道设施，曾经是中国存世最完整的古代城市防御体系。北京城门是明清北京城各城门的总称。根据等级以及建筑规格的差异，分为宫城城门、皇城城门、内城城门、外城城门四类。明清北京城有宫城城门四座（一称六座）、皇城城门四座（一称六座或七座）、内城城门九座、外城城门七座，在民间有"内九外七皇城四"的说法。清朝灭亡后，北京城池逐渐被拆毁，除宫城保留较好外，现皇城城门只有天安门被保留，内城仅存正阳门、德胜门箭楼、东南角楼以及崇文门一段残余城墙，外城则完全被毁，只有永定门被重建。

鸟巢

"鸟巢"是2008年北京奥运会主体育场。由2001年普利茨克奖获得者赫尔佐格、德梅隆与中国建筑师李兴刚等合作完成的巨型体育场设计，形态如同孕育生命的"巢"，它更像一个摇篮，寄托着人类对未来的希望。设计者们对这个国家体育场没有做任何多余的处理，只是坦率地把结构暴露在外，因而自然形成了建筑的外观。

上海不仅是中国重要的科技、贸易、金融和信息中心，更是一个国际文化交流和融合的国家历史文化名城。

上 海（中国）

　　上海是中国大陆经济最发达的城市之一。第三产业在上海的经济占了一定比重，其中最主要的产业包括了金融业、房地产业、保险业以及运输业等。位于浦东新区的陆家嘴是上海的新兴金融中心，中国人民银行上海总部2005年8月在上海揭牌，主要职能是管理公开市场操作。全球500强企业中已有部分在上海设立了中国区总部、分公司和办事

上海全景

·走进世界著名城市·

上海风光

处。上海历来上交的税款达中国国内总税款的一半，成为全中国纳税率最高的城市。

▶ 地理环境

　　上海市地处东经 120°51′～122°12′，北纬 30°40′～31°53′，位于太平洋西岸，亚洲大陆东沿，中国南北海岸中心点，长江和钱塘江入海汇合处。北界长江，东濒东海，南临杭州湾，西接江苏和浙江两省。是长江三角洲冲积平原的一部分，平均高度为海拔 4 米左右。陆地地势总趋势是由东向西低微倾斜。以西部淀山湖一带的淀泖洼地为最低，海拔仅 2～3 米；在泗泾、亭林、金卫一线以东的黄浦江两岸地区，为碟缘高地，海拔 4 米左右；浦东钦公塘以东地区为滨海平原，海拔 4～5 米。

西部有天马山、薛山、凤凰山等残丘。海域上有大金山、小金山、浮山（乌龟山）、佘山等岩岛。大金山海拔高度 103.4 米，为上海境内最高点。佘山为上海陆上最高点，海拔高度 99 米，立有石碑"佘山之巅"。全市总面积 6340.5 平方千米，东西最大距离约 100 千米，南北最大距离约 120 千米。陆海岸线长约 172 千米。在上海北面的长江入海处，有崇明岛、长兴岛、横沙岛 3 个岛屿。崇明岛为中国第三大岛，由长江挟带下来的泥沙冲积而成，面积为 1041.21 平方千米，海拔 3.5～4.5 米。长兴岛面积 88.54 平方千米，横沙岛面积 55.74 平方千米。

上海属北亚热带季风性气候，四季分明，日照充分，雨量充沛。气候温和湿润，春秋较短，冬夏较长。全年平均气温 18.4℃，日照 1638.2 小时，降水量 1042.6 毫米。全年 70％左右的雨量集中在 5 至 9 月的汛期。

历史沿革

吴淞江以南于公元 751 年（唐天宝十载）析嘉兴东境、海盐北境、昆山南境之地置华亭县。1277 年（元至元十四年）升华亭县为华亭府，第二年改为松江府。至清代松江府辖有华亭、娄、上海、青浦、金山、奉贤、南汇 7 县和川沙抚民厅。吴淞江以北于 1218 年 1 月 7 日（南宋嘉定十年十二月初九日）设嘉定县，后又析出宝山县。长江口的沙洲于 907 年左右（五代初）置崇明镇，1277 年升为崇明州，1369 年（明洪武二年）改为崇

上海孔庙

明县。上海市区原是吴淞江下游的一个渔村，至唐宋逐渐成为繁荣的港口。南宋咸淳年间（1265～1274）建上海镇，镇因黄浦江西的上海浦得名。1291 年（至元二十八年）经元朝廷批准，1292 年正式分设上海县，辖华亭县东北、黄浦江东西两岸的高昌、长人、北亭、海隅、新江等 5乡，为松江府属县。

　　昔日的上海，只是一个以渔业和棉纺织手工业为营的小镇。19 世纪，上海良好的港口位置使其开始展露锋芒。1842 年《南京条约》签订后，上海成为中国开放对外通商的口岸之一，并很快因成为东西方贸易交流的中心而迅速发展。20 世纪 30 年代，上海成为跨国公司开展贸易和商务的枢纽，是亚太地区最繁华的商业中心，被誉为"东方巴黎"。但在 1949 年新中国建立后，外国人几乎全部离开了上海，上海随即没落。改革开放后的 1990 年，上海又开始重现往日的繁华，成为今日中国最大的经济中心和全球最大的贸易港口。

上海人民广场

上海目前也是一座新兴的旅游目的地，它有着深厚的文化底蕴和众多的历史古迹，如上海的地标——浦西的外滩和新天地。但在一江之隔的浦东，却呈现出另一番繁华景象：东方明珠电视塔与金贸大厦、上海环球金融中心等建筑共同组成了全球第五大天际线——上海天际线。而在建的全国最高建筑——上海塔，则会使上海陆家嘴金融区的建筑呈现"品"字形的三足鼎立之势。

今日的上海，不光是中国重要的科技、贸易、金融和信息中心，更是一个国际文化交流和融合的地方。上海已经发展成为一个国际化大都市、全球重要的经济和贸易中心。一些提案也提出上海会成为未来的全球城市。国际主流媒体更将上海形容为"世界经济发展最快的典范"。

▶ 人文风情

上海是国家历史文化名城，19 项全国重点文物保护单位；136 项上海市文物保护单位；4 座上海市级历史文化名镇。

上海城隍庙坐落于上海市最为繁华的城隍庙旅游区，是上海地区重要的道教宫观，始建于明代永乐年间（1403～1424），距今已有近六百年的历史。在文化大革命时期，遭受了重大的打击，神像被毁，庙宇被挪为它用。现已修复。

1949 年以前，上海是一个纸醉金迷的地方。当时上海著名的"百乐门"舞厅享有盛名，"大世界"也是很有名的娱乐中心。很多电影院也是非常豪华。例如国泰电影院（原名国泰大戏院），建于 1930 年，由鸿达洋行设计，钢筋混凝土结构，外墙采用紫酱红的泰山砖，白色嵌缝，属典型的装饰艺术派风格，1932 年 1 月 1 日，国泰大戏院正式对外营业。当天登在《申报》上的广告用语是："富丽宏壮执上海电影院之牛耳，精致舒适集现代科学化之大成。"1949 年以后，更名为国泰电影院，"文化大革命"期间曾经一度改名人民电影院。1994 年被上海市人民政府命名为优秀历史建筑。

上海老街

　　1918 年至 1925 年间，中华民国国父孙中山也曾经在繁华的淮海路以南，思南路东侧的香山路上的一幢欧洲乡村式样的小洋房居住过。现被改为孙中山故居。上海行知公园设有陶行知纪念馆。鲁迅公园（虹口公园）内有鲁迅纪念馆。

　　上海拥有许多欧美式样的老建筑，其中位于外滩的一组欧洲风格的外国银行，商家和饭店遗留下来的建筑群一直以来就是上海的标志，例如花旗银行、和平饭店等。但事实上在市内还有很多二三十年代遗留下来的风格迥异的花园别墅，例如丁香花园、沙逊别墅、马勒住宅以及现在被用作上海市少年宫的嘉道理花园等。在上海的市中心，还有当时的面积庞大的上海跑马厅。

海派文化

　　上海的文化被称为"海派文化"。它是在中国江南传统文化（吴文化）的基础上，与开埠后传入的对上海影响深远的欧美文化等融合而逐

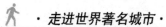

步形成,既古老又现代,既传统又时尚,区别于中国大陆文化,具有开放而又自成一体的独特风格。

改革开放以来,上海举办过多次大型文化活动,并建造了多所全国一流的文化设施,包括上海大剧院、上海博物馆、上海图书馆、上海影城等。欧洲风格的上海音乐厅因市政建设需要被移位,但在内部改建之后已经重新对公众开放,以举行交响乐音乐会为主。每年上海还举办国际艺术节、国际电影节等文化活动。

上海话

上海话(Shanghainese)是上海地区独有的方言,属吴语太湖片苏沪嘉小片,南方方言的一种。比照有人称广东话为粤语,台湾闽南话为台语,也有人称上海话为沪语或申语。上海话语音受早期移民中占优势的苏州和宁波两地影响巨大,和宁波话、苏州话发音接近。据最新考证,认为上海话是松江方言的发展结果,宁波话、苏州话的合成可看成是影响了这种方言的部分因素,如语调等。松江方言是上海话的主脉。

20世纪30年代,是上海话发展的黄金时期。和香港类似,上海的作家们意译或者音译很多英文新单词,用到书面文本中去,通过当时上海极其发达的各种平面媒体进行传播,然后被普通话吸收。从1980年代后期开始,上海各学校统一用普通话授课,很多学校对学生说方言的行为以扣品行分处理。政府还取消了很多广播电台和电视节目中的上海话内容。这使得上海话的造词能力出现严重衰退。随着中国各地移民的日益增加,会说上海话的人比例开始减少。现在,已经很难招聘到发音合格的年轻沪剧演员。从21世纪开始至今,上海舆论界掀起一股"保卫上海话"的浪潮。

影视

1949年前,中国的电影业基本上集中于上海,而在上海有过制片活动的电影企业总数约200家。上海的电影制片业,若从资金来源划分,可以分为外商、民营和国民党官办3种类型,而雄踞上海影坛的当

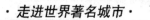

推民营电影企业,占总数的 90% 以上。但是,在众多的民营企业中,大多数公司只是昙花一现,有的公司甚至一片未拍,即已销声匿迹,而稍具规模、能均衡制片生产的也只有十几家。好莱坞八大制片公司都在上海设立发行机构,几乎垄断了上海的整个电影发行市场。

在中国电影发展史上,起过较大影响和作用的,有 20 世纪二三十年代"影坛五虎将"——明星影片股份有限公司(简称明星)、天一影片公司(简称天一)、联华影业公司(简称联华)、艺华影业公司(简称艺华)、新华影业公司(简称新华);战后时期主要是昆仑影业公司(简称昆仑)和文华影业公司(简称文华)两家。30 年代的电通影片公司和 40 年代的昆仑影业公司,实质上是在中国共产党以民办面目出现的电影公司。

上海因此出现了很多知名的歌星和影星,如周璇、阮玲玉、赵丹等。毛泽东的第三任妻子江青也曾在上海做过演员,名为蓝苹。

1949 年新中国建立后,成立了国营的上海电影制片厂,并对私营电影制片公司进行改造。1953 年 2 月,上海实行了国营与民营电影的并轨,民营的电影公司从此消失。

戏曲

海派特色的滑稽戏产生于抗日战争中期。上海的曲艺"独角戏"受中外喜剧、闹剧和江南各地方戏曲的影响,而逐步形成新兴戏曲剧种。因为方言隔阂,新兴戏曲只流行于上海、江苏、浙江等地。一人演出的滑稽曲艺称作"独角戏",上海比较著名的滑稽演员有王无能、江笑笑、刘春山、严顺开、周柏春、姚慕双、杨华生和王汝刚等。

沪剧是上海的代表性剧种,流行于上海、苏南及浙江杭、嘉、湖地区。它起源于浦江两岸的田头山歌和民间俚曲,在流传中受到弹词及其他民间说唱的影响,演变成说唱形式的滩簧。清代道光年间,浦江一带的滩簧发展为二人自奏自唱的"对子戏"和三人以上演员装扮人物、另设专人伴奏的"同场戏"。1898 年已有艺人流入上海,并固定在茶楼坐唱，称作本滩。1914 年，本滩易名为申曲。1927 年以后，申曲开始演出文明戏和时事剧。1941 年，上海沪剧社成立，申曲正式改称沪剧。在最近几年又相继应来高风。

张爱玲与胡兰成

小说

20 世纪 30 年代著名作家张爱玲曾经写过很多和上海有关的小说。《半生缘》原名为《十八春》，是张爱玲的第一部长篇小说，写了几对青年男女的情感纠葛和人生遭遇。

文化节日

上海的文化节日有上海电视节、上海国际电影节、中国上海国际艺术节、上海南汇桃花节等。上海电视节是中国创办的最早的国际电视节，自 1986 年创立至 2008 年，已成功举办了 14 届。上海国际电影节设有"金爵奖"，创办于 1993 年，次年获得国际电影制片人协会的认证，被归于 A 类即非专门类竞赛型电影节。至 2008 年，上海国际电影节已举办了 11 届。

人文古迹

上海的人文古迹有：枫泾古镇、朱家角镇、老城隍庙、玉佛寺、大观园、七宝古镇、陈云故居、上海文庙、上海老街、静安寺、下海庙、鲁迅故居、方塔园、古城公园、宋庆龄故居纪念馆、玉佛禅寺、韬奋纪念馆、大韩民国临时政府旧址、中国共产党第一次全国表大会会址纪念馆、长宁区革命文物陈列馆、刘海粟美术馆、中华人民共和国名誉主席宋庆龄陵、李白烈士故居、德艺陶瓷陈列馆、上海鲁迅纪念馆、陶行知纪念馆、宝山烈士陵园、黄炎培故居、崇明前卫生态村、张闻天故居、叶家花园等。

香 港（中国）

　　香港的全称是中华人民共和国香港特别行政区。香港自秦朝起明确成为当时的中原领土，直至 19 世纪中叶清朝对外战败，领域分批被割让及租借予英国成为殖民地。1980 年，中、英两国落实香港前途问题，于 1984 年签订《中英联合声明》，决定 1997 年 7 月 1 日中华人民共和国对香港恢复行使主权。中方承诺在香港实行一国两制，香港将保持资

香港全景

本主义制度和原有的生活方式，并享受外交及国防以外所有事务的高度
自治权，也就是"港人治港、高度自治"。

▶地理环境

香港位于东经 114°15′，北纬 22°15′，地处华南沿岸，在中国广东
省珠江口以东，由香港岛、九龙半岛、新界内陆地区以及 262 个大小岛
屿（离岛）组成。香港北接广东省深圳市，南面是广东省珠海市万山群
岛。香港与西边的澳门隔江相对 61 千米，北距广州 130 千米，距上海
1200 千米。

香港总面积约 1095 平方千米，略大于上海市的六分之一。其中香
港岛面积约 78 平方千米；九龙半岛约 50 平方千米；新界及 262 个离岛
约共 968 平方千米，土地和水域的管辖总面积为 2755.03 平方千米，水
域率达 59.9%。香港的已发展土地少于 25%，郊野公园及自然保护区
的面积多达 40%。

香港属亚热带气候，夏天炎热且潮湿，温度约在 26～30℃ 之间；
冬天凉爽而干燥，但很少会降至 5℃ 以下。5 月至 9 月间多雨，有时雨
势颇大。夏秋之间，时有台风吹袭，7 月至 9 月是香港的台风较多的季
节。香港全年平均雨量为 2214.3 毫米，雨量最多月份是 8 月，雨量最
少月份是 1 月。

香港邻近大陆架，洋面广阔，岛屿众多，有得天独厚的渔业生产的
地理环境。香港有超过 150 种具有商业价值的海鱼，主要是红衫、九
棍、大眼鱼、黄花鱼、黄肚和鱿鱼。受自然环境的限制，香港自然资源
匮乏，食用淡水的 60% 以上依靠广东省供给，矿藏有少量铁、铝、锌、
钨、绿柱石、石墨等。香港土地资源也很有限，林地占总面积的
20.5%，草地和灌木地占 49.8%，荒地占 4.1%，沼泽和红树地占
0.1%，耕地占 6.7%，鱼塘占 2%，城郊区建设发展土地占 16.8%。
农业主要经营少量的蔬菜、花卉、水果和水稻，饲养猪、牛、家禽及

淡水鱼，农副产品近半数需中国内地供应。

▶历史沿革

香港的历史，最早可以追溯到五千年前的新石器时代。秦始皇统一中国后，先后在南方建立了南海、桂林、象郡三个郡，香港隶属南海郡番禺县，由此开始，香港便置于中央政权的管辖之下。汉朝香港隶属南海郡博罗县。东晋咸和六年（331）香港隶属东莞郡宝安县。隋朝时香港隶属广州府南海郡宝安县。唐朝至德二年（757），改宝安县为东莞县，香港仍然隶属东莞县。宋元时期，内地人口大量南迁香港，促使香港的经济、文化得到很大发展。明朝万历元年（1573），香港隶属新安县。

香港全境的三个部分（香港岛、九龙、新界）分别来源于不同时期的三个不平等条约。1840 年第一次鸦片战争后，英国强迫清政府于1842 年签订《南京条约》，割让香港岛。1856 年英法联军发动第二次鸦片战争，迫使清政府于 1860 年签订《北京条约》，割让九龙半岛，即今界限街以南的地区。1894 年中日甲午战争之后，英国逼清政府于 1898 年签订《展拓香港界址专条》，强租新界，租期 99 年，至 1997 年 6 月 30 日结束。新界的租借，使当时香港的面积扩大了 10 倍之多。

历史年表

1841 年 1 月 26 日：第一次鸦片战争后，英国强占香港岛，事后清政府曾试图用武力予以收复，道光皇帝为此发下多道谕旨，但清朝始终不能捍卫领土完整。

1842 年 8 月 29 日：清政府与英国签订不平等的《南京条约》，割让香港岛给英国。

1860 年 10 月 24 日：中英签订不平等的《北京条约》，割让九龙半岛界限街以南地区给英国。

1898 年 6 月 9 日：英国强迫清政府签订《展拓香港界址专条》，租

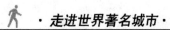

借九龙半岛界限街以北地区及附近 262 个岛屿,租期 99 年(至 1997 年 6 月 30 日结束)。

1942 年 12 月 25 日:第二次世界大战期间,日军进犯香港,驻港英军无力抵抗,当时的香港总督杨慕琦无奈宣布投降。香港被日本占领,开始了三年零八个月的"日治时期"。

1945 年 9 月 15 日:日本战败后在香港签署降书,撤出香港。

1984 年 12 月 19 日:中英签署关于香港问题的联合声明,落实香港 1997 年之后实行"一国两制"。

1997 年 7 月 1 日:香港成为中华人民共和国的特别行政区。根据《基本法》,香港保留原有的经济、法律和社会制度,50 年不变,实行"一国两制",除防务和外交归中央人民政府管理外,香港特别行政区享有高度自治。

香港回归后,保持自己原有的社会制度和经济运作模式,有独立的司法制度,发行和流通自己的货币港元,独立发行邮票(邮票的标记是"中国香港"),以"中国香港"的名义参加国际体育比赛、参加世界贸易组织及其他国际组织。香港运行自己成熟的财政和金融体系,也有自己的出入境政策。截至 2007 年年底,全世界有 170 个国家和地区的公民或居民可以免签证进入香港。

▶人文风情

香港文化和历史遗迹遍布每个角落,有传统的祖先宗祠、新界氏族围村,以至坐落闹市的庙宇。

宗教文化景点

香港的宗教文化景点有:香港岛上的文武庙、铜锣湾天后庙、圣约翰大教堂;九龙的黄大仙祠墓、侯王庙、慈云山观音庙、九龙清真寺;沙田的万佛寺、车公庙、蓬瀛仙馆、半园春、道风山基督教堂;荃湾的竹林禅院、东普陀、荃湾天后庙;龙门的青山寺、青松观、妙法寺;

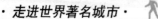

元朗的灵渡寺、云浮仙观；西贡的佛堂天后庙、蚝涌车公庙以及大屿山宝莲寺、长洲北帝庙、坪州天后庙等。

民俗文化景点

香港圣约翰大教堂一侧

香港的民俗文化景点有：九龙的九龙城寨、宋城、宋王台、李郑屋古墓；屯门的宋帝岩、红楼；沙田的曾大屋、五国六村；荃湾的三栋屋、海坎村屋；元朗新田大夫第、锦田吉庆围、水头村古迹、聚星楼、厦村邓氏宗祠；西贡上窑民俗博物馆；港岛炮台、大屿山东涌炮台、东龙岛佛堂旧炮台等。

博物馆

私人开办的博物馆有：香港海事博物馆、东华三院文物馆、保良局历史博物馆、香港医学博物馆等。

政府开办的博物馆有：香港文化博物馆、屏山邓族文物馆、三栋屋博物馆、上窑民俗文物馆、香港电影资料馆、香港艺术馆、茶具文物馆、香港历史博物馆、罗屋民俗馆、李郑屋汉墓博物馆、香港海防博物馆、香港科学馆、香港太空馆、香港太空馆、香港视觉艺术中心、香港文物探知馆、孙中山纪念馆、葛量洪号灭火轮展览馆。

郊野公园和海岸公园

香港虽是现代化的都市，但境内的超过1000平方千米土地，约3/4

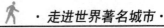

仍是郊野。为了保护和发展郊区，香港政府开设了郊野公园，这一方面是为了保护大自然，另一方面是向香港市民和游客提供郊野的康乐和教育设施。郊野公园的群山之巅，有草坡茂林。海岸公园则是在海边的离岛划出来的，在其大海之滨，有浅滩岩岸。从海岸公园的海边远眺或由郊野公园的山巅下瞰，均可见香港的山水相连，风光如画。

香港有 23 个郊野公园和 4 个海岸公园，市民和游客都可以免费进入。郊野公园中，八仙岭郊野公园是较著名的一个。八仙岭因有 8 个山岳而冠名八仙，此公园是全香港最具挑战性的山脊步行径所在地之一。最佳选择就是从水塘由北往南走到沙螺洞，那里有景色如画、年代久远的村庄、林木与田野。八仙岭还有一个感人的故事：1996 年，香港一家中学的师生到八仙岭郊野公园郊游，当时有学生在烧烤之后没有处理

香港海岸公园

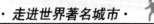

好火种，酿成山火，两位老师和一班学生被大火困在一个山崖，两名带队的老师为了拯救学生，不把全部学生撤离险境就决不肯离去，结果不幸身亡。香港政府为了纪念这两位教师，在八仙岭修建了一个春风亭。春风亭的名字，是缅怀两位教师春风化雨、舍身救人。春风亭内有这个故事的介绍，还有一副很感人的对联。看过春风亭，会感受到香港暖暖的人情味。

海岸公园之中，比较著名的是东平洲海岸公园，该处有多样化的海洋生态，遍布茂密的珊瑚群落，有超过 60 种石珊瑚，同时有超过 130 种珊瑚鱼类及超过 100 种海洋无脊椎动物。在海洋植物方面，东平洲海岸公园有 40 多种海藻。在其沿岸地带，长满棕色、红色及绿色的海藻床，是香港海藻床之冠。该公园海水清澈，肉眼可以清晰看到水下的珊瑚和鱼类。

香港八景

香港的旧八景为：旗山星火、仙桥雾锁、赤柱朝曦、鸭洲帆影、宋台怀古、扶林曲径、浪湾水软、鲤鱼夜月。随着时代的变迁，旧八景的景点已有三处完全改观，而其他一些景点也渐显陈旧。现在的香港八景是：

（1）"旗山星火"，八景中之首景，它与历代八景中的"香江灯火"、"飞桥夜瞰"一样，均指从太平山顶观看夜色中的港岛如群星满天的万家灯火之瑰丽景色。

（2）"赤柱晨曦"，指每当晨曦初上、旭日东升之时，沐浴在万道霞光中的赤柱半岛，殷红如赤。此景又称"赤柱朝阳"、"赤柱朝曦"。

（3）"浅水丹花"，指碧水盈盈的浅水湾与万紫千红的杜鹃花交相辉映所构成的美丽春景。

（4）"虎塔朗晖"，指虎豹别墅院内六角形的白塔在日出之时，迎着朝阳，披满彩霞的壮丽景观。

（5）"快活蹄声"，指快活谷的赛马盛况，马蹄声声牵动成千上万马

迷之心。

（6）"鲤门月夜"，指夜晚在鲤鱼门观赏月光辉照下维多利亚港的美景。

（7）"残堞斜阳"，指九龙城寨的残垣断堞在如血斜阳余晖中的景色。由于近年九龙城寨已彻底清拆，这一景色也成为历史，取而代之的是九龙寨城公园。

（8）"宋台怀古"，指在香港启德国际机场旧址附近的宋王台公园，它记载了宋朝历史的最后一幕，人们到此怀古之心油然而生。

此外，夕阳西下青洲岛的景色"青洲落照"，风声浪涛交织的"石澳风涛"，汽车在港岛盘山公路上奔驰的"飞车绝壁"，春雨朦胧的"石排烟雨"等，也是今日香港美丽动人景色的写照。

本篇简介 Benpian Bjianjie	首尔地处朝鲜半岛中部，是韩国政治、经济、文化和教育的中心，也是韩国陆、海、空交通枢纽。

首　尔（韩国）

　　韩国首都首尔（Seoul，旧译"汉城"）地处朝鲜半岛中部，因位于汉江之北，古称"汉阳"。14世纪末，朝鲜王朝定都汉阳后，改名为"汉城"。1945年朝鲜半岛光复后，汉城的英文名字按韩国语固有词发

首尔夜景

 ·走进世界著名城市·

音用 SEOUL 标记，意为"首都"。2005 年，在市政府推动下，汉城的中文译名由使用了 600 多年的"汉城"改为 SEOUL 的谐音"首尔"。

▶ 地理环境

首尔是韩国政治、经济、文化和教育的中心，也是全国陆、海、空交通枢纽。位于朝鲜半岛中部、地处盆地，汉江迂回穿城而过，距半岛西海岸约 30 千米，距东海岸约 185 千米，北距朝鲜平壤约 260 千米。全市南北最长为 30.3 千米，东西最长为 36.78 千米，总面积 605.5 平方千米。首尔全市被海拔 500 米左右的山和丘陵所环绕，市区 40% 是山地和河流。整座城市北部地势较高。北汉山、道峰山、鹰峰构成了一道天然屏障。东北部有水落山、龙马峰，南部有官岳山、三圣山、牛眠山等，东南部和西部是百米左右的丘陵，形成了首尔的外廓。城市的西南部为金浦平原。城中部由北岳山、仁旺山、鞍山等环绕成内廓，中间形成盆地。

韩国第一大江——汉江，自东向西穿城而过，把首尔分为南、北两部分，流经市区的河流长度约 41.5 千米，宽度为 400～1000 米，水深达 6～10 米。江中由冲积而形成的两个岛屿——汝矣岛（约 7 平方千米）和蚕岛。

首尔属于温带大陆性气候，年平均气温 11.8 度，四季分明。春、秋季节少雨，气候温和。夏季受季风影响，高温多雨。冬季比同纬度其他城市寒冷。

▶ 历史沿革

人们开始以汉江下流为中心生活在首尔地区的时期大致从旧石器时期开始，但可以通过遗址得以证实的时期是从新石器时代开始。江东区岩寺洞的新石器时期遗址，经推算大致是距今 7000～3000 年以前的遗址。从公元 700 年左右起引进了青铜器，人们的居住地也渐渐从河边扩散到了内陆。

但首尔地区开始显示出集体居住地的形态是从三国时期。相传为高句丽朱蒙之子的温柞于公元18年在江北的河北慰礼城定都并创建百济国，不过据说4年之后迁都到汉江南边。

作为百济的都城首次出现首尔的名称是从比流王时候起。定都首尔的百济于4世纪中叶近肖古王时期迎来了全盛时期。

39年，广开土大王即位，始扩张势力侵略百济，这样便开始了围绕汉江流域的高句丽、百济、新罗三国之间的争斗。经过激烈的争战在475年的时候百济守住了5个世纪多的首都首尔被攻破，高句丽占领了韩半岛的要塞——肥沃的首尔。

551年，新罗联合百济圣王打败高句丽，占领了汉江上游地区10个郡，并在2年之后扩张到汉江下游地区。占领汉江流域的新罗真兴王在视察新开辟的边防领土时立了巡狩碑。北汉山碑峰的巡狩碑，便是于真兴王十六年（555）所建立的。

汉江流域在文武王十六年（676）新罗统一三国之后被叫做汉山州。于景德王十六年（757）设了汉阳郡，从这时候起开始用汉阳的名称，后来朝鲜王朝留用了这个称呼。在高丽时期首尔被叫做杨州。还有，成宗时期（983）作为12牧之中的一个——杨州牧，成为地方行政制度的重要单位，从这时候起由中央派遣了地方行政官。特别在文宗二十一年（1067）同平壤的西京、庆州的东京晋升为三小京之一——南京。

后来在忠烈王三十四年（1308）改地方制度时，首尔被降级成为汉阳府。从那以后在共愍王时期（1352～1374）首次谈论迁都问题时，因为当时特别流行的地理图谶思想的影响多次制定了迁都计划。汉阳迁都曾在祸王八年（1382）被实现，但因为宗庙、社稷和诸多官府在开京的理由在第二年2月又重新返回到开京。

在共愍王之后国力开始衰弱，为了重新立国，振奋精神，曾经两次实现迁都汉阳，但高丽终于被灭亡。

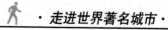

朝鲜于 1876 年 2 月 24 日和日本签定《江华岛条约》时起开放门户。首尔也随之被开设西方列强的公馆并成为政治、经济、外交的争斗场。由于大量流入西方文明，在各个领域开始努力实现近代化。

1888 年，首尔铺上了仁川、义州、釜山之间的电线；1899 年起开通了铁路；1899 年 4 月 8 日，开通西大门至洪陵之间的电车。

日本帝国于 1910 年施行韩日合邦并把首尔府改成京城府，把首尔归京畿道的一个郡，试图消除首尔的首都概念。首尔的城市规划是在 1936 年 4 月 1 日颁布的。为了收容持续增长的人口把原属于高阳郡、金浦郡、始兴郡的部分区域编入京城府的管辖区。这样京城府的领域第一次越过汉江扩大到永登浦区和冠岳区的地区，它的面积也比从前增多了近 4 倍。

1946 年 10 月 18 日，首尔脱离京畿道的管辖成为"首尔特别市"，还为了收容不断增加的人口而编入了原属于京畿道高阳郡和始兴郡的部分地区。这样，首尔发展成了大城市，行政区域面积达 269 平方千米，比从前增加了 2 倍多，人口也达到 160 万。

但这样持续保持发展势头的首尔由于 1950 年 6 月 25 日爆发的韩国战争而受到严重的破坏，城市的基本设施在一瞬间被毁坏。政府临时定都釜山，于 1953 年 8 月 1 日宣布回到首尔。这样首尔从光复到 20 世纪 50 年代为止一直处于混战状态，六七十年代起创造出发展成现代城市的基本条件。其内容就是，开始正式制定有关法案，限制由于首尔为主的城市建设而引起的首尔人口的过渡密集谋求国土的均衡发展。

首尔的基本规划是从第三共和国制定经济开发规划时开始步入正规。特别是，首尔由于 1962 年制定的有关"首尔特别市行政的特别条例法"成为国务院总理的直属机构，逐渐脱离了中央政府的监督开始作为一个自治城市继续它的发展。

在 1963 年为了收容增加到 300 万的人口划分了原属于杨州郡、广州郡、金浦郡的部分地区归到首尔，行政面积达到 600 平方千米，比以前增加了 2.3 倍。

从 1960 年后半年到 1970 年，由于开发江南，从现在的新盘浦、鸭鸥亭到蚕室的汉江边开始林立高层公寓。江南地区不断扩大占据了整个首尔的近一半。由于江北的人口流入，江南和江北的人口各占了首尔人口的一半。到 70 年代首尔成为名符其实的现代都市。

80 年代由于申请主办奥运会和同年亚运会，首尔加快了城市建设的步伐并迎来了作为一座国际都市具备条件的机会。首尔积极推进汉江综合开发工程，不仅修建了蓄水池和河岸，还修建了汉江边城市高速公路。

1990 年，开始努力把首尔培育成东北亚的枢纽城市。21 世纪是信息化、世界化、地方化和统一化的时代，首尔成功举办 2002 年韩日世界杯足球赛，向世界各国广大宣传首尔市的历史文化以及在经济商贸方面带来了很大的帮助。首尔市为了建设温馨的首尔、以人为本的首尔和活气的首尔，以不屈的勇猛精神和超越时代的革新思想，鞠躬尽瘁，将会创造出"首尔的神话"。

▶ 人文风情

城池

古汉阳城有八门，包括四大门和四小门，分别是：崇礼门（南大门）、兴仁之门（东大门）、敦义门（西大门，俗称新门）、肃靖门（北清门）；惠化门（东小门，初名弘化门，中宗六年（1511）为避昌庆宫东门弘化门之号而改为今名）、昭德门（西小门，避章顺王后之讳，改昭义门）、光熙门（水口门）和彰义门（俗称紫河门）。英祖十九年（1743），都城门无醮楼处并令设立门楼。汉阳城外西郊曾经有迎接中国使者的"迎恩门"，韩国独立后拆除，新设独立门。

里坊

朝鲜王朝前期的都城只包括汉江以北的部分，所以被称为汉阳。当时汉阳的人口为11～12万。壬辰倭乱之后，人口曾经减少到4万以下。城外为四军门防御区。环绕城市的四山形成了天然的屏障。在城内北部偏西的位置，营建了朝鲜朝的正宫——景福宫。景福宫东南为宗庙，西

首尔独立门

方为社稷，这是和周礼"左祖右社"的规制相吻合的。城内中心部分，按网格状进行区域分隔和道路划分，但是城内大部分地区的道路都是随地势迂回曲折的，而且有很多死胡同，这与中国的都城不同。

汉阳城内有五部五十四坊，里坊划分如下：

中部八坊：澄清、瑞麟、寿进、坚平、宽仁、庆幸、贞善、长通；

东部十二坊：莲花、瑞云、德成、崇教、燕喜、观德、泉达、兴盛、彰善、建德、崇信、仁昌（后二坊在城外）；

西部十坊：仁达、积善、余庆、养生、神化、皇华、盘松、盘石（二坊在城外）、龙山、西江；

南部十四坊：广通、会贤、明礼、太平、熏陶、诚明、乐善、贞心、明哲、诚身、礼成、屯之、豆毛、汉江；

北部十坊：观光、明通、广化、阳德、嘉会、安国、俊秀、顺化、义通、镇长。

宫殿坛庙

首尔除王朝正宫景福宫之外尚有王宫多处，包括现存的昌德宫、昌

 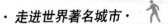

庆宫、庆熙宫、德寿宫（明礼宫，后改号庆运宫，现名德寿宫），以及已荒废的仁庆宫、于义宫、龙兴宫、彰义宫、龙洞宫、梨岘宫、衍禧宫等。

首尔还有招待中国使臣的慕华馆（原为南别宫，在会贤坊，本为公主第，仁祖朝太平馆撤后以是宫为华使留馆，为华使迎送之所）、招待日本琉球诸国使臣及诸岛倭人的东平馆（壬辰倭乱后废）和招待女真之来朝者的北平馆（壬辰倭乱后废）。

首尔东崇教坊成均馆内有文庙（现统称成均馆），祭祀孔子，两庑以中国、高丽和朝鲜先贤鸿儒（如中国的程颢、程颐、朱熹，高丽的安裕、郑梦周，朝鲜的金宏弼、赵光祖、李滉、李珥等人）配享。首尔东南兴仁门外有神宗万历三十年由明朝以银四千两诏付修建的武庙，祭祀关羽。

首尔的社稷坛在西部仁达坊，此外，在城内的小公洞还有朝鲜王室祭天的地方——圜丘坛。用于祭祀土地的方坛则在社稷坛内，这和中国的规制有些区别。祭祀大明太祖、明神宗和明思宗神位的大报坛（皇坛）在昌德宫秘苑春塘台。祭祀神农氏和后稷氏的先农坛在东大门外的龙头洞。祭祀风云雷雨、山川城隍的南坛在崇礼门（2008年2月11日遭人为焚毁，城楼木制结构全部坍塌）外。先蚕坛在惠化门外。此外还有圆坛、灵星坛、老人星坛、马祖坛、先牧坛、马社坛、马步坛、愍忠坛等。经过朝鲜王朝前期100多年的精心建设，汉阳成为一座壮观恢弘的东方王都。

东 京（日本）

东京是日本的首都，全称东京都，是日本的政治、经济、文化中心，是日本海、陆、空交通的枢纽，是现代化国际都市和世界著名旅游城市之一。东京是全球最富的城市之一。

地理环境

东京位于关东地区南部，大致位于日本列岛中心。东部以江户川为界与千叶县连接，西部以山地为界与山梨县连接，南部以多摩川为界与神奈川县连接，北部与埼玉县连接。东京圈由东京和三个邻县埼玉、神奈川、千叶组成。这个地区的人口占日本总人口的 26%。首都圈由东京和周围的七个县埼玉、神奈川、千叶、群马、栃木、茨城、山梨组成。东京是都行政机构，它由更小的行政单位组成，包括区和市町村，"中心"区域被分成 23 个区，西部的多摩地域由 26 个市、3 个町（cho）、一个村（son）组成。23 个特别区和多摩地域形成了一个狭长的地带，东西宽 90 千米，南北长 25 千米。在太平洋上的伊豆诸岛和小笠原诸岛，尽管地理上与东京都分离，但也属于东京行政区划的一部分。23 个特别区总覆盖面积约 621 平方千米，商业办公设施在这 23 个区内相当集中。东京拥有充实的交通网络，交通和购物相当便利。但随着办公和其他商业设施的增加，该地区作为居住地的基本功能在减退，而逐渐减少的水区和绿化也致使舒适的生活空间逐渐消失。由于该地区木质房屋非常集中，地震灾害在此倍受关注。

▶ 历史沿革

东京的历史可以追溯到 400 多年前。当时称为"江户"，1603 年德川家康在这里建立德川幕府后城市开始繁荣起来。作为日本政治和文化的中心，江户在 18 世纪中叶开始成为一个拥有百万人口的大城市。这一时期，天皇一直居住在京都，京都是国家正式的首都。江户时代持续了将近 260 年，直到 1868 年明治维新，德川幕府统治瓦解，皇权复兴。天皇迁移到江户，将江户改名为东京，从此东京成为日本的首都。

1923 年 9 月，关东大地震使东京变成了废墟。由地震引起的大火把市中心夷为平地。据报道，死亡及行踪不明者超过 14 万人，30 万栋

东京的至高点——东京塔

房屋毁坏。地震之后规划了城市修复计划，但是由于工程花费超过了国家预算，只有一小部分得以实现。关东大地震结束后不久，昭和时代在昏暗中拉开帷幕。即便如此，日本的第一条地铁于 1927 年在浅草和上野之间开通了。

1928 年首次举行全民众议院议员选举。1931 年羽田的东京机场竣工，1941 年东京港开港。到了 1935 年，东京居住的人数增长到 636 万，与纽约和伦敦的人口相匹敌。然而 1941 年爆发的太平洋战争对东京产生了巨大的影响。为了适应战争需要，东京原来所存在的双重的行政机构东京府和东京市被取消。1943 年，府和市合并形成东京都。因此，建立了都行政系统，并任命行政长官。在第二次世界大战末期，东京被轰炸 102 次，最严重的空袭是在 1945 年 3 月 10 日。1945 年 8 月 15 日，日本接受了波茨坦公告中的条款，战争结束。经轰炸后东京的大部分地区成为废墟，到 1945 年 10 月，人口下降到 349 万，是 1940 年的一半。1947 年 5 月，日本的新宪法和地方自治法生效，通过公众投票安井诚一郎被选举为新体制下东京第一届都知事。同年 8 月开始了现在的 23 区制。20 世纪 50 年代是日本逐步恢复的一个时期。1953 年开始放送电视，1956 年日本加入联合国。1950 年朝鲜战争的爆发，特殊景气使经济得以迅速繁荣起来。日本在 20 世纪 60 年代进入经济高速增长的时期。由于进行技术革新和引入新工业新技术，这一时期，人工合成纤维和电视机、电冰箱、洗衣机等家用电器开始进入大量生产时期，致使东京居民的日常生活发生了巨大的转变。1962 年东京人口突破 1000 万。1964 年，奥林匹克运动会在东京举行，新干线（高速列车）开始运行，首都高速公路开通，为东京今天的繁荣打下了基础。

进入 20 世纪 70 年代，高速经济增长的负面影响开始日益明显，日本开始被空气、水污染、高度的噪音污染等环境问题所困扰。1973 年的石油危机使多年快速的经济成长开始出现停滞。到了 20 世纪 80 年代，由于国际经济活动的增加以及信息社会的出现，东京在经济发展上

迈上了一个新台阶。东京成为世界上屈指可数的大都市之一，并且还有很多引人自豪的魅力，如最尖端的技术、信息、文化和时装以及高度的公共安全。但是，这些快速的发展导致了一系列的城市问题，如环境水平下降、交通拥挤和救灾物资准备不足。1986 年以后，土地和股票价格开始呈螺旋式的上升，这就是众所周知的"泡沫经济"现象。日本在泡沫经济下得到了巨大的发展，但是随着 20 世纪 90 年代初泡沫的破裂，长期的经济萎靡产生税收衰减，导致了都政府的财政危机。步入21 世纪，现在东京处于一个历史的转折点。通过落实多方面的开拓政策，东京正在努力战胜自身所面临的危机，力争把东京建设成理想的极具吸引力的都市。

东京国立博物馆

东京国立博物馆（Tokyo National Museum）是日本最大的博物馆，位于东京台东区上野公园北端。它由一幢日本民族式双层楼房和左侧的东洋馆、右侧的表庆馆以及大门旁的法隆寺宝物馆构成，共有 43 个展厅。馆内收藏了十几万件日本历史文物和美术珍品，其中有 70 件被定为国宝。展品分为雕刻、染织、金工、武具、刀剑、陶瓷、建筑、绘画、漆工、书道等类别，反映了日本社会各个时期的文化艺术和人民生活概貌。

东京国立西洋美术馆

东京国立西洋美术馆是一座具有代表性的西洋美术展览设施，内收藏展示已故松芳幸次郎的作品集和大量的中世纪末至 20 世纪的西洋美术作品约 2200 余件。其中包括罗丹、鲁本斯、莫那、雷诺阿、凡高、毕加索等著名近代欧洲画家的美术作品 200 余件。除馆藏作品外，这里每年还经常举办各种专题展活动。美术馆的建筑雄伟壮观，别具一格，馆外的数尊雕塑，表现了西洋美术的造型美。

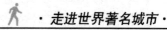

东京艺术剧场

由东京都政府建造的东京艺术剧场是东京文化和艺术的信息发源地，这里拥有以管弦乐演奏为主的音乐会专用大型厅，配置全世界最大的管风琴；日本第一个侧舞台可以向着观众席滑动的中型厅；舞台大小、高度和形状可以自由调整的小型厅等等。东京艺术剧场作为一个文化艺术场所，致力于成为深受广大市民喜爱的娱乐场所。

东京银座

江户东京博物馆

江户东京博物馆主要是为了保护已面临逐渐消失的江户东京历史的遗产及回顾东京的历史及文化，并以未来的东京而设想于平成五年（1993）3月28日创立的。该馆是一栋造型奇特的博物馆，拥有两层宽敞展示厅，以展出东京的历史发展为主，一入馆可看见一座仿制的木拱式日本桥，日本桥自古以来即为东京的代表建筑，多次出现在精美的浮世绘上而闻名。馆内收藏包罗万象，充分展现出东京每个时期的生活风貌，有实物比例的复制品，有早期的生活用品，也有手工艺品与医药相关收藏，展示品还包括了 18 世纪的茶房、剧院和妓院模型，反映出江户曾是世界上最繁华的城市，以及政治与消费中心。

旅游景点

东京迪士尼度假区（包括迪士尼乐园、迪士尼海洋，实际位置在千叶县浦安市境内）

浅草：浅草寺、仲见世通、雷门

上野：上野恩赐公园、上野动物园、博物馆群

水道桥：小石川后乐园、东京巨蛋城、LaQua

秋叶原：电气街、交通博物馆（已闭馆）

走在东京街头的艺伎

两国：两国国技馆、江户东京博物馆

九段下：日本武道馆

神田：古书店街

日本桥

芝：芝公园、增上寺、东京铁塔

丸之内：皇居、二重桥、东京车站、丸大楼

银座：步行者天国、有乐町

日比谷：日比谷公园

筑地：筑地市场

汐留：汐留 SIO－SITE、滨离宫恩赐庭园

御台场（临海副都心）：彩虹大桥、调色板城大摩天轮、东京国际展览馆

月岛：月岛文字烧街

葛西：葛西临海公园、钻石与花之大摩天轮

麻布：麻布十番商店街

六本木：六本木新城、东京中城、国立新美术馆

惠比寿：惠比寿花园广场

涩谷

原宿：表参道、竹下通、神宫外苑

代代木：明治神宫、代代木公园（国立代代木竞技场）

新宿：东京都厅、西新宿高楼群、歌舞伎町、新宿御苑

池袋：太阳城、丰田 Amlux

练马：丰岛园

吉祥寺

自由之丘

下北泽

三鹰：三鹰之森吉卜力美术馆

本篇简介	新加坡风光绮丽，终年常绿，岛上花园遍布，绿树成荫，
Benpian **J**ianjie	素以整洁和美丽著称。

新加坡市（新加坡）

新加坡市是新加坡政治、经济、文化中心，有"花园城市"之称，是世界上最大港口之一和重要的国际金融中心。

新加坡市道路宽阔，人行道两旁种着叶繁枝茂的行道树及各种花

夜色中的新加坡

 ·走进世界著名城市·

卉，草坪、花坛小型公园间杂其间，市容整洁。桥上，围墙都种有攀缘植物，住宅的阳台上放置着五彩缤纷的花盆。新加坡市拥有 2000 多种高等植物，被誉为"世界花园城市"和东南亚的"卫生模范"。

▶地理环境

新加坡是一个亚洲热带岛国，由一个本岛和 63 个小岛组成。它的气温变化不大，降雨量充足，动植物繁衍，体现了热带岛屿的特征。新加坡所处的地理位置是世界的十字路口之一。得天独厚的地理条件使之发展成为一个主要的商业、运输、通讯、旅游中心。它位于赤道以北 136.8 千米，面积 682.7 平方千米。本岛以外的其余岛屿，较大的有德光岛（24.4 平方千米）、乌敏岛（10.2 平方千米）和圣淘沙岛（3.5 平方千米）。

新加坡位于马来半岛南端、马六甲海峡出入口，北隔柔佛海峡与马来西亚相邻，南隔新加坡海峡与印度尼西亚相望。属热带海洋性气候，常年高温多雨，年平均气温 24～27℃。

新加坡风光绮丽，终年常绿，岛上花园遍布，绿树成荫，素以整洁和美丽著称。全国耕地无几，人口多居住在城市，因此被称为"城市国家"。

▶历史沿革

新加坡早期的历史记载并不多，使用的名字也各不相同。古时新加坡的马来语名为 Negeri Selat，意为海峡之国。公元 3 世纪，中国将新加坡叫作"蒲罗中"，即马来语的"半岛末端的岛屿"。《新唐书》称"萨庐都"，《宋史》称"柴历亭"，而后来有华人称新加坡为石叻，这些名字都是"Selat"（海峡）的对音。史料记载，1320 年元朝派人到"龙牙门"寻找大象，1325 年龙牙门派使臣到中国。"龙牙门"就是新加坡南岸的海峡，古称 Selat Panikam，今天的岌巴港（Keppel Habour）。

1330年，中国元代航海家汪大渊首次来到新加坡岛，在其著作《岛夷志略》一书中将新加坡岛称为"单马锡"，据他记载，当时已经有华人居住。该书中还记载"近年"速古台王朝曾派70多艘兵船攻打单马锡，一月不下。绘制于明代宣德五年（1430）的《郑和航海图》称新加坡

新加坡风光

为"淡马锡"，1365年的《爪哇史颂》也把新加坡叫做"淡马锡"（Ta-musik，海城）。类似的名字还出现在同一时期的一份越南文献上。单马锡、淡马锡都是马来文 Temasek 的对音，来自梵文 tamarasa（黄金）。一直到14世纪末，梵文名字 Singapura（意为"狮城"）才首次出现。

18世纪中叶，英国正在扩张其在印度的版图以及与中国的贸易。他们急需找到一个能够让其船只停泊、维修的港口，以在与荷兰人的贸易竞争中取得优势。因此，他们在槟城（1786）和新加坡（1819）建立了贸易站。

随着1860年代中蒸汽船的发展以及1869年苏伊士运河的开通，新加坡成为航行于东亚和欧洲之间船只的重要停泊港口。1870年代前后，随着当地橡胶种植业的发展，新加坡也成为全球主要的橡胶出口及加工基地。到19世纪末，新加坡获得了前所未有的繁荣，1873年到1913年间，当地的贸易增长了8倍。经济的发展也吸引了区域内的移民。到1860年，人口已经增长到80792人，其中华人占61.9%，马来人和印度人分别占13.5%和16.05%，其他人种，包括欧洲人，则占到8.5%。

1941 年 12 月 7 日，日本攻击了珍珠港，太平洋战争开始。日本的目标是要攻占东南亚，取得这里的天然资源来应付自己的战争需要。新加坡作为盟军在东南亚的据点，必须要被日本拿下。英国军事人员认为日军无法穿过马来亚浓密的森林，所以会从南部海域攻击新加坡。军方坚信新加坡是座堡垒，能够承受日军的攻击。

　　珍珠岛事件隔天，日军在马来亚北部的哥打峇鲁降陆。皇家海军派来了战列舰："威尔士亲王号战舰"、巡洋舰："击退号"和一艘航空母舰："不屈号"。

　　不屈号在途中搁浅，不得不回航。派来的两艘船舰在彭亨关丹岸外遭日本空军击沉。日军势如破竹地用轻型坦克穿过了森林。盟军节节败退，最后撤至新加坡，撤退时还将连接新加坡和柔佛的长堤炸毁。1942 年 1 月 31 日，战争开始仅 55 天，日军占领了整个马来亚半岛。

　　1945 年 9 月，英军回到新加坡，英国军管开始。到 1946 年 3 月，

新加坡城市雕塑

军管结束时，海峡殖民地也正式解散。1946 年 4 月 1 日，新加坡成为直辖殖民地，而槟城和马六甲则于 1946 年成为马来亚联盟的一部分，1948 年成为马来亚联邦的一部分。

战后的新加坡已经与战前大不相同，人民要求在政府中有更大的发言权。总督的权力被分散，一个由官方人士及被任命的非官方人士组成的顾问组成立。该体系于 1947 年 7 月变为两个分开的行政及立法会议。虽然总督依然拥有很大的权力，但是人民已经有权选出立法会议中的 6 名成员。

1948 年 6 月，由于马来亚共产党企图使用武力夺取马来亚及新加坡的政权，新加坡宣布进入紧急状态，持续时间长达 12 年。到 1953 年底，英国政府任命了一个由蓝带尔爵士率领的考察组重新评估新加坡的宪法地位，并提供相关建议。政府最后接受了蓝带尔的建议，并最终修改新加坡的宪法，赋予新加坡更大程度的自治权。

1955 年的选举是新加坡历史上第一次重要的政治事件。新的登记制度使原本只有 75000 人的合格选民增加到 30 万人。而且华人选民的数量首次大幅度增加。最后，劳工阵线取得 10 个席位。大卫·马绍尔于 1955 年 4 月 6 日成为新加坡的首任首席部长。他领导的劳工阵线与巫统及马华公会组成联合政府。

在与伦敦政府关于新加坡完全自治的宪制谈判破裂后，马绍尔于 1956 年 6 月 6 日辞职，由劳工部长林有福出任新的首席部长。1957 年 3 月由林有福所率领的代表团成功地在伦敦与英国方面达成协议。1958 年 5 月 28 日，双方在伦敦正式签字。协议内容包括让新加坡成为自治邦和给予新加坡更多权力等。

新加坡在 1959 年取得完全自治。当年 5 月新加坡的第一次大选举行，选举第一届完全民选的立法会的 51 名成员。人民行动党在选举中获得了 43 席，成为最大党。6 月 5 日，新加坡最后一任总督顾德爵士宣布新宪法生效，新加坡成立自治政府，他本人担任首任元首，李光耀成为首任总理。

独立后，新加坡寻求国际承认，深怕有朝一日会被马来西亚强行合并或被印尼攻击（印尼的对抗活动还没结束），所以于 1965 年 9 月 21 日加入联合国。同年 10 月新加坡加入共和联邦。1967 年 8 月 8 日新加坡也协立亚细安（东盟）。

作为一个蕞尔小国，世界对于新加坡是否能继续存在表示疑问。除了主权纠纷，其他重要的问题包括住宅短缺，缺乏土地与天然资源短缺。当时失业率高达 12％。社会主义阵线当时也宣布进行民主抗争，抵制议会，动乱随时会发生。

新加坡开始一连串的措施，发展工业及经济。于 1961 年设立的经济发展局致力于实行国家经济发展方针，重视新加坡的制造业。裕廊工业区于 1968 年成立，除此之外在加冷、红山和大巴窑等地也建立了轻工业基地。为了吸引外资，政府决定给予外国企业优惠。同年，经济发展局重组，裕廊镇管理局以及新加坡发展银行（现称星展银行）也在该年成立。工业化之迅速使得新加坡的制造业在十年内成为世界主要电子产品出口国。作为世界主要的港口，新加坡成功吸引着名的石油公司，如蚬壳石油和埃克森美孚，成为世界第三大炼油国。为了提供更有竞争力的工作团队，教育部决定使用英语为主要教学媒介语。

住房问题被放在首位。1961 年，河水山的平民窟发生大火，多达 16000 人流离失所。建屋发展局负责建筑所有的政府组屋，廉价提供给民众。直到今天，建屋发展局仍然为新加坡建造组屋和新镇，高达 87％的居民居住在组屋里。

进入 1980 年代的新加坡经济发展迅速，政局稳定。失业率低至 3％，国内生产总值每年增长 8％。这时的新加坡开始将目光转移到芯片制造业以及其他高科技产物已和邻国的廉价劳动力抗衡。樟宜机场于 1981 年开幕，新航也成为区域主要航空公司。旅游业和服务业蓬勃发展。

▶ 人文风情

节庆活动

新加坡日历上印有公历、中国农历、印历和马来历 4 种历法，依各种历法有许多节日。在保留各民族传统文化的同时，新加坡政府鼓励人们向新加坡统一民族文化习俗演变。

主要节庆有新年、印度族丰收节、新加坡河木筏大赛、印度族大宝森节、伊斯兰教斋月及开斋节、耶稣受难日、哈芝节、卫塞节、端午节、新加坡美食节、国庆节、中秋节、齐天大圣诞辰、中秋赏灯会、印度族屠妖节、印度族九宵节、九皇爷庆典、印度族盗火节、印度族万灯节、圣诞节等。

重要节日

华人新年：同中国春节。开斋节：伊斯兰教历 10 月新月出现之时。泰米尔新年：4、5 月间。卫塞节：5 月的月圆日。国庆节：8 月 9 日。圣诞节：12 月 25 日。

新加坡法定公共节日共计 11 天。除上述外，还有元旦、复活节、哈芝节、劳动节等。

饮食

新加坡餐饮汇集了当地的风味和来自世界各地的佳肴，有中国菜、马来菜、泰国菜、印尼菜、印度菜、西餐、快餐等。由于历史的原因，新加坡在饮食方式和习惯方面融合了马来族和华人的烹调特色，其中最具代表性的菜是"娘惹食物"。娘惹是指过去居住在新加坡、马六甲及槟榔屿一带的华人女性。就口味而言，娘惹食品是最特别、最精致的传统佳肴之一。

旅游者在餐厅、酒店消费，须付 10% 的服务费与 7% 的政府税及 1% 的观光税，郊区餐厅或小吃店不收服务费和小费，集市小吃摊也不须另付小费。为了大众健康，所有有空调的餐厅一律禁止吸烟。

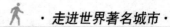

购物

新加坡商品丰富，来自世界各地的货品琳琅满目，从古典精致的东方手工艺品、款式新颖的欧洲高档时装和皮革制品到先进的高新技术电子器材等无所不有。新加坡市场上有特色的商品主要有马来蜡染花布、珠宝、古玩、陶瓷器、玉器、字画等。新加坡的物价水平较高。

圣淘沙

位于新加坡本岛南部，离市中心 0.5 千米。这个田园式的度假岛屿，其马来文名字是和平与宁静的意思。它由一个渔村圣淘沙变为英国的军事基地，后来又于 1972 年变成一个度假岛屿。

岛上青葱翠绿，有引人入胜的探险乐园、天然幽径、博物馆和历史遗迹等等，让人远离城市喧嚣。爱海的人，可以沿着沙滩享受轻松的水上活动；热爱自然的人，可以沿着天然人行道——龙道，浏览海底世界、胡姬花园、蝴蝶园、世界昆虫博物馆。在历史景点方面，有西乐索炮台、海事博物馆和新加坡万象馆。

在主题公园方面，有梦幻岛、火焰山和高尔夫乐园。高 37 米的鱼尾狮塔，可让游人从圣淘沙远眺市区的高楼大厦及环绕四周小岛的景色。入夜后的音乐喷泉，随着交响乐的节奏而翩翩起舞。

圣淘沙是由圣淘沙发展机构负责管理和发展，它也管理 10 个较小的岛屿，包括龟屿、圣约翰岛、姐妹到及鬼岛。这些岛屿是热爱游泳、潜水和钓鱼人士的乐园。

岛上也有自设的交通设备。游客可以免费乘搭单轨列车、巴士、沙滩小火车前往不同目的地。此外，岛上也有脚踏车出租店。

新加坡动物园

于 1973 年开幕，园内以开放概念为设计，利用热带森林与湖泊为屏障，使游客可以不受铁笼和铁柱的遮栏而看得一清二楚。动物园占地 28 公顷，收罗了 250 种哺乳动物类、鸟类和爬虫类动物，总数接近 3000 只。所展示的许多濒临绝种的动物之中，包括科摩多龙、睡熊、

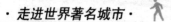

金丝猴以及世界最大的群居人猿。

游客可以在动物园内一尝和人猿共用早餐的难忘经验，或者观赏每天四场精彩的动物表演。参与表演的动物有灵长类、爬虫、大象和海狮等。人们可以观看矮小河马在水底潜游，以及加勒比海海牛悠游自在的游姿。在儿童天地里，孩子们可以从"动物之友表演"中获得无比的快乐，参与演出的动物有德国牧羊犬、大牧羊犬、麝猫、鹦鹉以及一群绵羊。

除此之外，园内也设有游园列车，带您畅游动物园。

福康宁山

俗称"皇家山"或"升旗山"。这个占地19公顷，高约50米的山丘曾是当年莱佛士的住所。1819年，莱佛士在新加坡河口登陆后，便看上这座俯视新加坡河口的小山，并在山顶建总督府。1823年，他也选择在此处兴建住家。

其实，福康宁山的历史可追溯到14世纪。据历史记载，这里是14世纪岛国苏丹皇室的所在地。新加坡最后一位苏丹依斯干达沙便安葬在靠近山顶的地方。

目前，山上还残留着许多文物，并且不时有新发现。山上的福康宁文化中心便展示了被挖掘的14世纪至19世纪文物。

在英国殖民地时代的1859至1861年期间，山上也建有一座堡垒。1867年，堡垒上还设印度和欧洲兵士的营房、医院和弹药库，是19世纪防御新加坡的主要炮兵连。19世纪末和20世纪初，因为局势太平，这里的军械就不派上用场了。

英军也在1939年第二次世界大战时，在这里建造占地1306.10平方米、深约9米的地下指挥室。现在的文化中心后面便是隧道入口处。它是英国在马来亚驻军的指挥总部，英军投降后，成为日军司令官山下奉文少将的指挥总部。

目前，这个指挥室已辟为展览馆。馆内的许多物件，如无线电话、

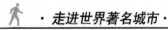

桌椅、电灯等都是原有的历史遗物。展览馆共有 22 个房间，包括通讯室、兵士休息室、密码室、统帅指挥室等。展览馆有意重造 56 年前的历史，让游人有如身历其境的感觉。

在山上的一处也辟有香料园，是当年 19 公顷植物园的缩影，种植着丁香、肉桂等香料。此外，殖民地时代遗留下来的墓园，也完好的保留在山的东侧。

花柏山

位于新加坡南部，总面积达 56.46 公顷。山上的花柏山公园建于 20 世纪 60 年代，并在 1994 年开始重新整修。整修后的花柏山增设了更多的基础设施，对周围的园景也重新设计一番。

肯特岗公园

占地 47 公顷，旧称鸦片山，是新加坡自然保护区之一。它是一座次森林山丘，也是候鸟的集居地。园内有一条长达 800 米的山径，是游人探索自然生态的好地方。此外，山丘的后侧也有两个一大一小的池塘。前面部分最高处设有瞭望台，可以眺望新加坡西海岸景色。左边可看到炼油厂林立的岛屿，右边又可看到箱运码头。

根据国家公园局的资料，肯特岗公园是拥有最多健身设施的国家公园，共有 20 种不同的健身站供使用者选择。此外，它的不平地势也常吸引了许多远足及大自然爱好者前来考察或举办"寻宝"游戏。

第二次世界大战期间，这里曾经是马来军团和日军抗战的地点之一。1942 年 2 月 13 日，日军第 18 师攻打防守这座小山的第一马来军团、英国第二效忠军团和第 44 印度旅，这场长达 48 小时的搏斗有不少日军与马来军人战死。新加坡陆军最近"认养"了肯特岗公园，成为"陆军公园"（Army Green Park），园内永久摆放了两架 M114 型榴弹炮和一架 AMX-13 轻型坦克，突显公园的历史和军事意义。

鱼尾狮公园

新加坡著名的鱼尾狮像坐落于新加坡河畔，是新加坡的标志和象征。该塑像高 8 米，重 40 吨，狮子口中喷出一股清水，是由雕刻家林南先生和他的两个孩子于 1972 年共同雕塑的。

狮头鱼身坐立在水波上的鱼尾狮，其设计概念是将事实和传说合二为一：狮头代表传说中的"狮城"新加坡，鱼尾象征古城"淡马锡"，代表新加坡是由一个小渔村发展起来的。

据古书记载，古时新加坡叫做淡马锡，在爪哇语中为海城之意。公元 14 世纪，传说有一个古印尼的王子发现了这座小岛，他在这里看见一头神奇的野兽，后来得知是头狮子。就此，王子就将这座小岛命名为"Singapura"——在梵文里的意思是"狮子（Singa）城（pura）"。

如今，每年有一百多万来自世界各地的游客，专程造访鱼尾狮公园，与世界著名的鱼尾狮拍照留念。

公园周围地带，聚集了新加坡著名的地标性建筑，如滨海艺术中心、政府大厦、高等法院、维多利亚剧院、莱佛士铜像等等，为游客必到之处。

曼 谷（泰国）

　　泰国首都曼谷是东南亚第二大城市，主要港口和政治、经济、文化中心，被誉为"佛教之都"。泰国人称曼谷为"军贴"，意思是"天使之城"。将其泰文全称转为拉丁文字，长达 167 个字母，其意为"天使之城、伟大的都市、玉佛的宿处、坚不可摧的城市、被赠予九块宝石的世界大都会、充满著像似统治转世神之天上住所的巍峨皇宫，一座由因陀

鸟瞰曼谷

罗给予、毗湿奴建造的大都会"。

曼谷地处经度100°31′，纬度13°45′，位于湄南河三角洲，距河口约40千米，面积290平方千米。城市地跨湄南河两岸，地势低洼，平均海拔不足2米。

气候湿热，年平均气温27.5℃，年降水量1500毫米。全年最高气温为35℃（6月），最低为11℃（1月）。

湄南河纵贯南北，把曼谷一分为二，最后汇入泰国湾。整个曼谷的建设是以大皇宫为中心向外扩散，第一圈是寺庙和官方建筑，第二圈是商业圈，第三圈是住宅区，最外面是贫民区，王宫和佛寺大多建在湄南河圈。

曼谷玉佛寺

曼谷下辖 24 个县、150 个区，主要部分在湄南河以东，共有 6 个主要工商业区，以挽叻区的是隆路最为繁荣；以王家田广场"最大"；以施乐姆街最为"洋气"；以唐人街市场最为庞大繁华。湄南河沿岸地区，是泰国的政治中心，也是旅游景点密集区；达思特地区，则是泰国新的政治中心。

▶ 历史沿革

200 多年前，曼谷尚是小渔村，直至 1782 年，泰国国王拉玛一世将首都从一河之隔的吞武里迁至曼谷，曼谷才自此逐渐扩大、繁荣起来。如今，已一跃而为泰国最大、东南亚第二大城市。

近几十年来，曼谷发展迅猛，日新月异。如今，马路宽广，高楼

曼谷大皇宫建筑与雕塑

林立，车水马龙，繁华异常，已集中了全国 50％以上的工业企业，约
80％的高等学府。闻名遐迩的朱拉隆功大学和以政治、经济著称的法政
大学均设于此。

　　曼谷又是国际活动中心之一，每年有多达二三百起的各种国际会议
在此举行。城内设有联合国"亚太经社委员会"总部、世界银行、世界
卫生、国际劳工组织以及 20 多个国际机构的区域办事处。曼谷还是
"世界佛教联谊会"（32 个成员国）总部及国际"亚洲理工学院"所
在地。

▶ 人文风情

　　曼谷的佛教历史悠久，东方色彩浓厚，佛寺庙宇林立，建筑精致美

曼谷的寺院

观，以金碧辉煌的大王宫、鎏金溢彩的玉佛寺、庄严肃穆的卧佛寺、充满神奇传说的金佛寺、雄伟壮观的郑王庙最为著名。曼谷是世界上佛寺最多的地方，有大小佛教寺院 400 多个。漫步城中，映入眼帘的是巍峨的佛塔，红顶的寺院，红、绿、黄相间的泰式鱼脊形屋顶的庙宇，充满了神秘的东方色彩。每天早晨，全城香烟袅袅，钟声悠悠，磬声清脆动听，诵经之声不绝于耳。寺庙里的和尚、尼姑在街上慢慢行走，逐家化缘，成为曼谷街头的特有景观。曼谷众多的寺院中，玉佛寺、卧佛寺、金佛寺最为著名，被称为泰国三大国宝。

大皇宫

曼谷的旅游热点就是大皇宫，大皇宫位于曼谷湄南河东岸，分为外宫、内宫、主宫，占地约 26 万多平方米，四周有高 5 米，长 1900 米的白色宫墙，始建于 1782 年，是拉玛一世到拉玛八世的寝宫。1946 年拉玛八世在宫中被刺

泰国大皇宫顶部

之后，拉玛九世便搬到新宫居住。大皇宫是泰国历代王宫保存最完美、规模最大、最有民族特色的王宫，现仅用于举行加冕典礼、宫廷庆祝等仪式。

国家博物馆

曼谷的国家博物馆位于 na phra that 路，大皇宫和玉佛寺北侧，是东南亚最大的博物馆。该馆建于 1782 年，收藏了泰国各个时期的雕刻和古典艺术品，包括木偶和皮影戏用具，远至石器时代，近至当代的曼谷王朝时期的各种文献、民间器具、古佛像、国王御用武器、船及各种

用品和工艺品。其规模在东南亚仅次于台北的故宫博物院。馆内分多个部分，其中，最精致的是 phutthai－sawan 礼拜堂，建于 1787 年，用以收藏被视为极神圣的佛像。墙上的丰富壁画，描述了佛祖的一生。

金佛寺

金佛寺，又称黄金佛寺，是泰国华人对该寺的称呼，位于华南蓬火车站西南面的唐人街，曼谷火车总站附近，为泰国著名寺庙，泰国三大国宝之一。据说这座寺院由三位华人集资建成，故又称三华寺或三友寺。

金佛寺因供奉一尊世界最大金佛而闻名。一尊用纯金（另一说是约60％含金量，此有待考证）铸成的如来佛像，重5.5吨，高近4米，盘坐的双膝相距3米有余，金光灿烂，庄严肃穆。是泰国素可泰时代的艺术品，也是泰国和佛教的无价宝。

卧佛寺

卧佛寺位于大皇宫隔壁的卧佛寺又称菩提寺，卧佛寺是全曼谷最古老的庙，也是全泰国最大的庙宇。这座从艾尤塔雅时代留下的古寺很受却克里节基王朝皇帝的喜爱，1793 年拉玛一世下令重建卧佛寺，于 1801 年完成，不过 13 年的光景，拉玛三世时又下令重修，把大雄宝殿、方位殿及讲经楼都拆了重建，再加盖两座塔及卧佛殿，花了 17 年才完成，拉玛四世时再添一座塔，便持续这个状态到现在。

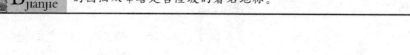
吉隆坡（马来西亚）

　　吉隆坡（马来语，英语为 Kuala Lumpur），是马来西亚（或简称为大马）的首都，也是马来西亚最大城市。目前，许多联邦政府机构已迁往布城。在马来西亚境内，吉隆坡的英文简称"KL"亦被广泛使用。

吉隆坡城市建筑

看图走天下丛书
Kantuzoutianxia Congshu

走进世界著名城市
ZOUJINSHIJIEZHUMINGCHENGSHI

吉隆坡是马来西亚三个直辖市之一，曾于 1998 年举办英联邦运动会，是第一个举办此运动会的亚洲城市。坐落于吉隆坡市中心的国油双峰塔是吉隆坡的著名地标。

▶ 地理环境

马来西亚位于亚洲东南的热带雨林区，南接新加坡，北连泰国，西面为马六甲海峡，东面为南中国海。距英国伦敦约 13 小时航程。面积约 33 万平方千米。其全部疆域由连接东南亚大陆的马来西亚半岛和位于婆罗州的沙巴和沙捞越组成，马来西亚拥有着温暖和湿润的气候，终年温度大致介于 22～32 摄氏度。被称为热带天堂。白天气暖而夜间清凉，

吉隆坡双子塔

微风吹拂，气候怡人。全年多是晴朗，凉爽或偶尔多云。最让人欣慰的是这个国家向来没有自然灾害，与地震、火山、海哮、飓风、龙卷风等天灾无缘。

▶ 历史沿革

　　1857 年，吉隆坡建立于鹅麦河（Gombak）与巴生河（Klang）的交汇处。这解释了吉隆坡的英语名（Kuala Lumpur，原意为泥泞河口）的由来。当时，雪兰莪州皇族拉查阿都拉（Raja Abdullah）把巴生谷开放于采锡矿者，吸引了大量中国矿工来采锡。过后，吉隆坡就渐渐地发展起来。当时，统治马来亚的英国殖民政府也委任了称为"甲必丹"的华人领袖来掌管当地华人的事物。其中最著名的华人甲必丹为叶亚来。换句话说，吉隆坡是由华人矿工发展起来的。吉隆坡于 1880 年成为雪兰莪州的首府。在第二次世界大战时，吉隆坡于 1942 年 1 月 11 日沦陷日军手中，时间总共长达 44 个月之久。

　　1957 年，吉隆坡成为刚从英国取得独立的马来亚联邦（Federation of Malaya）的首都。当时，第一任首相东姑·亚都拉曼就在吉隆坡的独立体育馆（Merdeka Stadium）宣读独立宣言。1974 年，吉隆坡从雪兰莪割让出来成为联邦直辖区。

　　现在的吉隆坡已成了一个国际化的城市，这也促使其交通设施发达起来，吉隆坡国际机场（Kuala Lumpur International Airport，简称 KLIA）位于吉隆坡以南约 50 千米处。该区属于雪兰莪州的雪邦。IATA 机场代码是 KUL。用 KLIA 快铁（KLIA Ekspres）从机场到市中心之吉隆坡中环广场中央电车站只须 28 分钟。

　　城内公共运输包括区域铁路（KTM Komuter）、轻轨运输（LRT）、单轨铁路（KL Monorail）等电车系统以及数个巴士与计程车服务。

　　作为一个旅游城市，吉隆坡利用自己的自然资源开发出很大景区，这也成了这个城市的支柱产业。

▶ 人文风情

苏丹阿都沙末大厦

这座宏伟壮观、风格独特的大厦建于 1897 年，以容纳英国殖民地政府的几个重要部门，但别具摩尔色彩更冠上铜光闪亮的圆屋顶，并拥有高达 40 米的大钟楼，是吉隆坡市的重要标志之一，也是许多重要活动的举办场地，如 8 月 31 日的国庆日大游行和迎新年的盛会等均在此举行。这幢富有历史价值的建筑物，目前是最高法院所在地。

独立广场

独立广场坐落于苏丹阿都沙末大厦对面，面积约 8.2 公顷，绿草如茵的广场，其实极具历史价值。1957 年 8 月 31 日，马来西亚国旗开始

吉隆坡独立广场一角

在此飘扬，象征脱离英国统治而独立，现该升旗地点则矗立着一支高
30米的旗杆，以纪念这个历史时刻。广场对面的另一端，是一个另旅
客倍感心旷神怡的休息处，在流水潺潺的喷水池旁昂然屹立着一排柱
廊，还有百日草和万寿菊组成的缤纷花海，美不胜收。广场下面的 Pla-
za Putra 则是一座集美食、休憩和娱乐于一体的地下街。

国家博物馆

位于湖滨公园边缘的国家博物馆是马来西亚主要的博物馆。其宏伟
建筑物的设计依照古典马来建筑风格，有许多展览厅以深入浅出和有趣
的布局，帮助旅客透视马来西亚的历史、政治发展、文化、经济、艺术
和动植物等。博物馆的露天范围还有各种静态展览品，包括旧式火车
头、老爷车和一座仿古马来宫殿。

吉隆坡雀岛公园

是亚洲最大的飞禽公园之一，超出 5000 只鸟儿住在这里，90% 为
本地鸟类，10% 则是从海外进口的。公园范围达 2.8 公顷，3.2 公顷供
各种鸟类自由飞翔活动，另 0.5 公顷则是犀鸟之家。

马 累 （马尔代夫）

　　马累环境恬静而秀丽，街道两旁高大挺拔的椰子树与各种热带地区特有的奇花异草相映生辉。大街小巷全用白色的细珊瑚沙铺就，使得车辆过后扬不起灰尘。同时，由于这里面积小，机动车辆很少，居民出门

鸟瞰马累

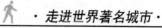

一般骑自行车或步行，所以污染很小，空气十分清新。

地理环境

　　马累是马尔代夫岛国的首都。马尔代夫全国总面积 9 万平方千米（含领海面积），陆地面积 298 平方千米。是印度洋上的群岛国家，南北长 820 千米，东西宽 130 千米，位于印度南部约 600 千米和斯里兰卡西南部约 750 千米。由 26 组自然环礁、1190 个珊瑚岛组成，分成 19 个行政组，分布在 9 万平方千米的海域内，其中 199 个岛屿有人居住，991 个荒岛，岛屿平均面积为 1～2 平方千米，地势低平，平均海拔 1.2 米。位于赤道附近，具有明显的热带气候特征，无四季之分。年降水量 2143 毫米，年平均气温 28℃。

马累的海滩

　　马尔代夫的首都马累（Male）位于印度洋马尔代夫群岛中部的马累岛上，面积约 1.5 平方千米，平均海拔高度为 1.2 米，属热带季风气候，年平均气温 28℃左右，年平均降水量为 1900 毫米。它是印度洋上重要的军事及交通要地，是红海、波斯湾至太平洋的重要停泊港，1967年马尔代夫宣布马累为自由港。

历史沿革

公元前 5 世纪，雅利安人来到马尔代夫定居。公元 1116 年建立了以伊斯兰教为国教的苏丹国，前后共经历了 6 个王朝。自 1558 年始葡萄牙对马尔代夫实行殖民统治。在塔库鲁法努领导下，马尔代夫人民举行了起义，1573 年光复祖国。18 世纪又遭荷兰入侵。1887 年沦为英国保护国。1932 年，马尔代夫改行君主立宪制。1952 年成为英联邦内的共和国。1954 年马议会决定废除共和国，重建苏丹国。1960 年英、马协定规定英租用甘岛基地 30 年。1965 年 7 月 26 日马尔代夫宣布独立。1968 年 11 月 11 日改为共和国，实行总统制。

新宪法于 1998 年 1 月 1 日生效。宪法规定，马尔代夫是完全独立的主权国家。改变旧宪法中总统候选人只有 1 人的规定，议员均有权利参加总统竞选。总统候选人由国民议会提名，全体选民过半数选举产生，任期 5 年。总统有权批准法律，召开国民议会特别会议，颁布临时法令和实行大赦，任命部长。马尔代夫国民议会为国家最高立法机构，议员任期 5 年。议会以简单多数通过法案。政府实行总统内阁制。全国没有建立政党、团体。马实行伊斯兰教法。2008 年 8 月批准了由马尔代夫制宪会议提交的新宪法。新宪法主要内容包括：进行多党制选举；立法、司法和行政三权分立；总统任期为 5 年并且只能连任一次，由选民直接选出；总统任命内阁需要得到议会批准及最高法院和总检察长独立行使职权等。

旅游业、船运业和渔业是马尔代夫经济的三大支柱。马尔代夫拥有丰富的海洋资源，有各种热带鱼类及海龟、玳瑁和珊瑚、贝壳之类的海产品。全国可耕地面积 6900 公顷，土地贫瘠，农业十分落后。椰子生产在农业中占重要地位，约有 100 万棵椰子树。其他农作物有小米、玉

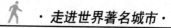

米、香蕉和木薯。随着旅游业的扩大，蔬菜和家禽养殖业开始发展。渔业是国民经济重要组成部分。马尔代夫渔业资源丰富，盛产金枪鱼、鲣鱼、鲛鱼、龙虾、海参、石斑鱼、鲨鱼、海龟和玳瑁等。近年来，旅游业已超过渔业，成为马尔代夫第一大经济支柱。

▶人文风情

马累市中心有苏丹公园和国家博物馆，博物馆藏有代表阿拉伯及斯里兰卡文化的展品，还陈列了一些古老的马尔代夫手工艺品和中国的一些瓷器和钱币。

在小街麦德胡一齐阿尔拉特的中央，耸立着一座公元 1675 年建成的古老的宣礼塔，塔周围用阿拉伯文写满了"安拉至大，除安拉外，别无主宰，穆罕默德，安拉使者等"词句。现在宣礼塔上已安装了无线电

马累中央公园标志性建筑

设备，可通过无线电广播来通知居民什么时候去清真寺进行礼拜。

宣礼塔旁边是岛上最大的清真寺。它建于 1656 年，内部和周围兀立着许多马尔代夫著名的宗教和政治家的陵墓，其中有马尔代夫民族英雄穆罕默德·塔库拉夫·阿里·阿拉扎姆的陵墓。人们为纪念阿拉扎姆的不朽功绩，给他立了一座顶端用黄金做的纪念碑。

马累北部是一条长长的海滨大道，政府机关和商店多集中在这条街。

离海滨大道 50 米远的海上，有珊瑚礁石砌成的防洪堤。防洪堤内外，海水清澈透底，水下鱼虾成群，远处渔帆点点，天空海鸟飞翔，景色优美迷人。小渔船是用椰子树杆制成的，不怕海水腐蚀，船体呈橄榄形，只有 20 米长，小巧别致，可以泰然自若地周旋于海浪鱼群之中。

防洪堤内海滩白沙细软，是绝妙的游泳场所，吸引着众多的游客。使游人感兴趣的还有市场上的工艺美术商店，那里的旅游纪念品琳琅满目，有贝雕、珊瑚手镯、珍珠之母项链和胸针等，尤其是用被称为玛瑙贝的贝壳制成的贝雕工艺品，是马尔代夫独有的出口珍品。

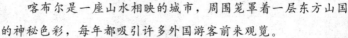

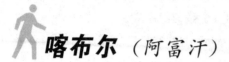

喀布尔（阿富汗）

在古代，喀布尔是著名的东西方通商要道"丝绸之路"上的重要城镇，也是东西方文化交流的一个中心。1773年杜兰尼王朝统一阿富汗后定都于此。

喀布尔是一座山水相映的城市，市内古老的皇宫金碧辉煌，清真寺的尖顶在阳光下闪闪发光，城市房屋高低错落，道路宽阔。主要街道两旁都有小溪，泉水从山上引下，清澈见底。河北岸新城是主要商业区，并有皇宫、官邸和高级住宅。皇宫中有古尔罕纳宫、迪尔库沙宫、萨达拉特宫、蔷薇宫（今称人民宫）等。过去的达尔阿曼宫现在是议会和政府所在地。城市周围的山峰上屹立着当年抵御外侮的城墙，被称为"喀布尔的长城"。

喀布尔全景

地理环境

喀布尔是阿富汗共和国的首都和第一大城市，是全国的政治、经济、文化中心，也是个历史上的英雄城市。它位于阿富汗东部，兴都库什山南麓，北纬34度，东经69度。四面环山，海拔1950米。喀布尔是世界上地势最高的首都之一，群山环抱呈U字形，城市开口处向着西面的高山峻岭。这里气候变化剧烈，严寒的冬季，最低气温可降至－31℃，夏季却又是赤日炎炎，温度可升到38℃左右。喀布尔河横贯全城，河南岸是旧城，北岸是新城。居民多信奉伊斯兰教。

历史沿革

喀布尔具有悠久的历史。公元2世纪，希腊历史学家阿里安的著作《亚历山大远征记》中提到的科芬，根据考证就是喀布尔。印度古经典《吠陀经》提到库拔这个地名，梵文研究者认为就是今天的喀布尔。另外《波斯古经》也证实，库拔就是今天喀布尔所在的地方。中国汉代把喀布尔称为"高附"。可见，有关喀布尔的记述，很早就出现在历史学家的著作和古典文献当中了。

现在阿富汗特别重视发展国际航空事业，喀布尔现有两个现代化的机场和邻国通航。喀布尔是全国公路交通的枢纽，以喀布尔为中心，长达2000多千米的环形现代化公路通往阿富汗全国各地，喀布尔到邻国巴基斯坦和伊朗也有公路相通。

喀布尔是美丽的，四周笼罩着一层东方山国的神秘色彩，每年都吸引许多外国游客前来观览。

人文风情

喀布尔古迹很多，有公元初的墓碑、城堡遗址和伊斯兰教的尖塔、清真寺等，其中著名的有沙希杜沙姆施拉寺、巴阜尔的大理石陵墓、国

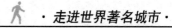

王穆罕默德·纳迪尔·沙河的陵墓，还有国家博物馆、考古博物馆和著名的喀布尔大学等高等院校多所。

喀布尔虽然不富丽，可是它却也有迷人之处。特别是3月里，园林和市场上郁金香竞开盛放，给城市披上浓艳的衣装，使喀布尔成为一座美丽的花城。历史上有一些征服了喀布尔的的帝王，都为喀布尔魅力所倾倒。据说阿马德沙为它放弃了印度；印度莫卧儿帝国的缔造者巴卑尔在这里流连忘返，在他结束了戎马倥偬的一生后，就安眠在这座他心爱的城市的土地上。

巴卑尔墓坐落在谢尔达尔瓦扎山上。山坡上有一座以巴卑尔的名字命名的梯田式花园。当年这座花园十分优美，但今天已是蔓草丛生，颇有荒芜颓废的景象了。

1640年沙贾汉皇帝曾在这里建了一座清真寺，以纪念他在巴尔赫的胜利。清真寺用大理石铺地，拱门上雕着优美的垂饰，近年经过一番整修，已经成为喀布尔最有吸引力的古迹。花园高处的一层，在紫荆和紫丁香的浓荫深处，安息着那位莫卧儿帝国的开创者。

喀布尔东南的山顶上，有一座城堡，叫"巴拉喜萨尔"，是喀布尔最古老的一处古迹。从城堡沿着希尔达尔瓦扎山向西，有一座陡峻的古城，据说是5世纪时修筑的，历代王朝都加以维修保护，直到18世纪以后才逐渐湮废。但城上还有些保存得比较完好的棱堡和塔楼，这是这座古城昔日雄姿的最后一点遗迹。

城东的特佩马兰詹山上，有一座古代帝王的陵墓，这里埋葬的是波斯王纳第尔沙。山坡上还有不少王公的坟墓。每年8月19日的独立节，在这里举行商品交易会，展览国家建设中的成果。

从查曼沿着乔迪梅旺德大街西行，有一个东方市场，市场中心的梅旺德塔，是为纪念阿富汗的一位爱国女英雄而建的。1880年在英国和阿富汗之间的梅旺德之战中，阿富汗姑娘玛拉莱挺身而出，号召全村男子保家卫国，与阿军合击敌人，终于取得辉煌胜利。玛拉莱的英雄事迹传颂一时，她是阿富汗历史上第一位杰出的女性。

伦　敦（英国）

　　伦敦是英国第一大城及第一大港，也是欧洲最大的都会区之一兼世界四大世界级城市之一，与美国纽约、法国巴黎和日本东京并列。伦敦未获英国城市地位，正式来说算不上是城市（其心脏地带伦敦市和西敏市才是城市），但因为自 18 世纪起她一直是世界上最重要的政治、经

伦敦全景

　·**走进世界著名城市**·

济、文化、艺术和娱乐中心之一，一般人都误以为她是一座城市。

▶ 地理环境

伦敦位于英格兰东南部，横跨泰晤士河下游两岸，距河口 88 千米，海轮可直达。由"伦敦市"和 32 个自治市组成"大伦敦"，面积 1605 平方千米。在伦敦城周围的 12 个市，相当于市区，称"内伦敦"，面积 303 平方千米。

伦敦受北大西洋暖流和西风影响，属温带海洋性气候，四季温差小，夏季凉爽，冬季温暖，空气湿润，多雨雾，秋冬尤甚。一般来说，6 月天空晴朗，阳光温和；7、8 月进入真正的夏天，艳阳高照，但温度在 20℃ 左右，白昼特别长；9、10 月秋高气爽；11 月下旬慢慢进入冬天；12 月到来年的 2、3 月气温在 10℃ 以下，但下雪的机会也不是很多；4、5 月回暖，但还是保持在 15℃ 以下的低温。伦敦年降水量为 1100 毫米左右。

伦敦全年都可以旅游，但在冬季一些观光景点会关闭或缩短开放时间。一般天气好的时候都会开放。7～8 月是伦敦的观光旅游旺季，但这两个月中除了有不确定的阳光外，还有拥挤的人群和被抬高的价格。

伦敦市区因常常充满着潮湿的雾气，因此有"雾都"之称。20 世纪初，伦敦人大部分都使用煤作为家居燃料，产生大量烟雾。这些烟雾再加上伦敦气候，造成了伦敦"远近驰名"的烟霞，英语称为 London Fog（伦敦雾）。因此，英语有时会把伦敦称作"大烟"（The Smoke），伦敦并由此得名"雾都"。1952 年 12 月 5 日至 9 日期间，伦敦烟雾事件导致 4000 人死亡，政府因而于 1956 年推行了《空气清净法案》，规定伦敦部分地区禁止使用产生浓烟的燃料。时至今日，伦敦的空气质量已经得到明显改观。

伦敦大本钟

历史沿革

　　伦敦作为一个交通枢纽和重要城市已经有差不多两千年的历史。伦敦最早的起源在历史上并没有确切记载，不少人认为伦敦是罗马人建立的。不过，考古研究显示，在罗马人到这个地方之前，这里已经有人类耕作、生活、埋葬死者等活动的痕迹。

　　公元1世纪，罗马人在皇帝克劳狄（Claudius）的领导下正式在公元43年征服了这个后来成为英国的地方。他们在泰晤士河畔建立了一个聚居点，取名为"伦底纽姆"（Londinium）。后来，罗马人在此修筑城墙，并且在城墙包围的地区逐步建立一个具规模的城市。

　　17世纪下半叶，一些时尚设计风格的房屋开始在伦敦的布鲁斯伯里区（Bloomsbury）和去往骑士桥的路上兴建，在这些区域内百年中还兴建了几家医院：包括威斯敏斯特（Westminster，1720年）、盖伊

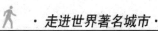

（Guys，1724 年）、圣乔治（St. Georges，1733 年）、伦敦（London，1740 年）和米德尔塞克斯郡（Middlesex，1745 年）。

随着工业革命和商业繁荣，伦敦在第 18 和第 19 世纪急速发展，人口也不断增加。1834 年，国会大厦被大火烧毁，后又重新兴建。新建的国会大厦还包括一个大钟，就是我们现在所称的"大本钟"（Big Ben）。

19 世纪，伦敦有一批新的博物馆建成，包括维多利亚和艾伯特博物馆（Victoria & Albert，1852 年）、科学博物馆（Science Museum，1857 年）和自然历史博物馆（Natural History Museum，1881 年）。新苏格兰场（New Scotland Yard）则建造于 1891 年。

大英帝国的发展为英国带来了庞大的商机。为了方便产品的输出，以及所需的原料和外来产品的入口，伦敦东部陆续修建了多个大型的船坞。航运业的发展非常蓬勃。

今天的伦敦是世界上最重要的经济中心之一，也是欧洲最大的经济中心。2004 年，其地区总产值为 3650 亿美元，占英国国民生产总值的 17％。大约有一半以上的英国百强公司和 100 多个欧洲 500 强企业均在伦敦设有总部。全球大约 31％的货币业务在伦敦交易。伦敦证券交易所是世界上最重要的证券交易中心之一。

伦敦城（City of London）或称为"一平方英里"（Square Mile）是伦敦的最大的金融中心，分布有许多银行、保险公司和金融机构。伦敦城共有 500 多家银行，银行数居世界大城市之首，其中外国银行有 470 家，在伦敦拥有的资本总额达 1000 多亿英镑。伦敦城每年外汇成交总额约 3 万亿英镑，是世界最大的国际外汇市场。伦敦城还是世界上最大的欧洲美元市场，石油输出国的石油收入成交额有时一天可达 500 多亿美元，占全世界欧洲美元成交额的 1/3 以上。英国中央银行——英格兰银行以及 13 家清算银行和 60 多家商业银行也均设在这里。清算银行中最有名的是巴克莱、劳埃德、米德兰和国民威斯敏斯特四大清算银行。

伦敦城也是世界上最大的国际保险中心，共有保险公司800多家，其中170多家是外国保险公司的分支机构。在伦敦保险业中，历史悠久，资金雄厚，信誉最高的是劳埃德保险行。

伦敦城中的伦敦股票交易所为世界四大股票交易所之一。此外，伦敦城还有众多的商品交易所，从事黄金、白银、有色金属、羊毛、橡胶、咖啡、可可、棉花、油料、木材、食糖、茶叶和古玩等贵重或大宗的世界性商品买卖。

伦敦的航空运输十分发达，有希思罗机场和盖茨维克机场这两个机场。希思罗机场位于伦敦西郊，是欧洲客运量最大的机场，有时一天起降飞机近千架次，空运高峰期间，平均每分钟有一架飞机起降。伦敦的市内交通方便，地铁是市内主要交通工具。1863年1月10日，世界上第一条地下铁路——伦敦地下铁道开始通车。至1991年，伦敦全市地铁干线有9条，全长414千米。伦敦地铁的技术和管理设备先进，所有调度和信号系统均为自动控制。1897年，伦敦开始有公共汽车服务，成为世界上最早有公共汽车的城市之一。至1991年，大伦敦市区共有公共汽车线路350多条，总长度为2800千米，公共汽车6600多辆，且都是双层公共汽车。此外，伦敦还有约1.3万辆出租汽车。伦敦港是英国最大的港口，也是世界著名的港口之一。全港包括皇家码头区、印度和米尔沃尔码头区、蒂尔伯里码头区，与70多个国家的港口建立了联系，年吞吐量约4500多万吨，仅次于鹿特丹、纽约、横滨和新加坡等港口。

▶ 人文风情

伦敦是一座驰名世界的旅游城市，有许多世界著名的文物古迹。伦敦城东南角的塔山上，建有伦敦塔，该塔曾用作军事要塞、王宫、监狱、档案室，现在是王冠和武器的展览处，藏有维多利亚女王加冕时戴的镶有3000颗宝石的王冠和伊丽莎白二世加冕时戴的镶有重达109克拉大钻石"非洲之星"的王冠。威斯敏斯特宫坐落在泰晤士河的西岸，建于公元750年，占地3万多平方米，是世界上最大的哥特式建筑。它古时是国王的宫殿，现为英国议会所在地。宫殿西南角的维多利亚塔，高100米，全石结构，用来存放议会的文件档案，塔楼下面的白家大门只供英王使用。宫殿东北角是高达97米的钟楼，钟楼上著名的"大本钟"重21吨，表盘直径7米，钟摆重达305千克。海德公园是伦敦的名胜之一，坐落在伦敦市区的西部，占地约2.5平方千米，是市区最大的公园。公园内有著名的"演讲者之角"又称"自由论坛"。每到周末，几乎整天有人来这里演讲，除不准攻击女王和宣传暴力革命外，演讲内容不受限制。

演出

伦敦的艺术、娱乐形式极为丰富。歌剧、音乐剧、古典音乐、摇滚、爵士乐、皇家芭蕾、踢踏舞等，应有尽有，而且票价便宜得让人难以置信。伦敦至少有1000个以上的剧场，大多上演莎士比亚、萧伯纳的作品。伦敦剧场大体可分为商业性剧院和小型剧院两种，商业性剧院以著名演员演出的著名作家作品为主，最为著名的有国家剧院和皇家莎士比亚剧院。在小型剧院中可以观赏到一些初出茅庐的作家的创作，剧场气氛轻松愉快。在伦敦欣赏古典音乐会倍感轻松惬意，音乐厅音响效果非常好，音乐会票价却很便宜。每年7月至9月，伦敦都要举行"古典音乐夏季盛会"，邀请世界著名的指挥家和乐队在皇家艾伯特大厅演出。伦敦有名的音乐厅有伊丽莎白女王音乐厅、艾伯特音乐厅、皇家音乐学院等，其中皇家庆典音乐厅可称为伦敦的顶尖音乐厅。

音乐

伦敦拥有五个专业的交响乐团：伦敦交响乐团、伦敦爱乐管弦乐团、皇家爱乐管弦乐团、爱乐管弦乐团以及BBC交响乐团。伦敦还拥有举世闻名的皇家大剧院、英国国家剧院和皇家节日厅。

戏剧

伦敦拥有数十家剧院，主要集中在西区。这其中包括国家剧场、伦敦帕拉斯剧院、阿尔梅迪亚剧院和专门上演莎士比亚戏剧的环球剧场等。

博物馆

伦敦是世界文化名城。大英博物馆建于 18 世纪，是世界上最大的博物馆，集中了英国和世界各国许多的古代文物。博物馆内的埃及文物馆，陈列着 7 万多件古埃及的各种文物；希腊和罗马文物馆，陈列着各种精美的铜器、陶器、瓷器、金币、绘画以及许多古希腊、古罗马的大型石雕；东方文物馆，陈列有大量来自中亚、南亚次大陆、东南亚和远东的文物。馆内还有西亚文物馆、英国文物馆、金币徽章馆、图书绘画馆等。除大英博物馆外，伦敦伦敦也有许多画廊，如国家美术馆、国家肖像馆、泰特艺术馆和多维茨画廊。

大英博物馆内景

爱丁堡（英国）

英国北部城市，18 世纪时为欧洲文化、艺术、哲学和科学中心。有
1583 年建立的爱丁堡大学，还有古城堡、大教堂、宫殿、艺术陈列馆等名胜古迹。广场上有各种纪念碑。国家图书馆藏有大量书籍和名人手稿。旅游业兴盛，是英国仅次于伦敦的旅游城市。

▶ 地理环境

爱丁堡是英国苏格兰首府，也是续格拉斯哥后苏格

爱丁堡城堡

兰的第二大城市。位于苏格兰东海岸福斯湾南岸，北纬 55°57′，西经 3°11′。1995 年被联合国教科文组织列为世界文化遗产。

▶历史沿革

　　爱丁堡的市区被"王子街公园"绿地分隔为两部分，南部是老城，建于1329年，城堡山上的爱丁堡城堡最早建于6世纪，但目前存在的最早建筑是城堡内11世纪建造的小教堂；北部是1767年市议会批准开始建造的新城。王子街公园是1816年由沼泽地改造的，此地最早原是一个湖——北湖。

　　现在的爱丁堡是一个保存了古老传统的现代化城市，有国际化的机场还有四通八达的铁路公路运输。

　　爱丁堡国际机场位于市中心西部13米处，在A8公路路线上，是通往爱丁堡的主要国际门户。此机场由英国机场管理局经营。在1991年，超过200万搭客使用该机场。目前，有巴士服务来往机场和市中心的爱丁堡威佛里火车站。

爱丁堡大学礼堂

▶人文风情

　　爱丁堡城堡是爱丁堡甚至于苏格兰的精神象征，耸立在死火山岩顶上，居高俯视爱丁堡市区，每年8月在此举办的军乐队分列式（Military Tattoo)，更将爱丁堡城堡庄严雄伟的气氛表露无遗。

到爱丁堡旅游的人都不会错过爱丁堡城堡，因为它位于死火山的花岗岩顶上，在市中心各角落都可看到。爱丁堡城堡在 6 世纪时成为皇室堡垒，1093 年玛格丽特女王逝于此地，爱丁堡城堡自此成为重要的皇家住所和国家行政中心，延续至中古世纪一直是英国重要的皇室城堡之一。16 世纪初荷里路德宫（Palace of Holyroodhouse）落成，取代爱丁堡城堡成为皇室的主要住所，不过爱丁堡城堡依然是苏格兰的重要象征。

沿着皇家哩大道进入爱丁堡城堡，进入正门后在售票口购票，门票费用现在为 11.5 镑，同时可以花 3 镑领取导览视听器，可以自行操作收听城堡内每一个重点的解说，绝对可以让参观者深入了解城堡的一切，不过花费的时间也会比较长，现在有包括中文在内的多种解说。爱丁堡城堡沿坡旋绕而上分为 Lower Ward、Middle Ward、Upper Ward 等区域，共有数十个参观点，较重要的包括圣玛格丽特礼拜堂（St. Margaret's Chapel），据说是爱丁堡现存最古老的建筑，而城堡内的军事监狱，曾囚禁拿破仑的军队，墙上仍留存着法国军队在墙上抓刻的指痕。

城堡内著名的 Mons Meg 炮于 1449 年时在比利时建造，经过 200 多年多次战役后，于 1829 年重回爱丁堡，现在安置在城堡地窖（Castle Vaults）中，城堡内宫殿（Palace）有不少苏格兰宝物，如 1540 年设计的苏格兰王冠，与其他的皇杖、剑等文物置于皇冠室中。爱丁堡城堡同时也是苏格兰国家战争博物馆、苏格兰联合军队博物馆之所在地。

日内瓦（瑞士）

　　日内瓦是瑞士境内国际化程度最高的城市，位于西欧最大的湖泊——令人神往的日内瓦湖之畔，湖上的大喷泉是日内瓦的象征。日内瓦湖光山色，四季皆具吸引力，它同时是世界各国际机构云集的国际化城市。日内瓦以其深厚的人道主义传统、多彩多姿的文化活动、重大的会

日内瓦风光

议和展览会、令人垂涎的美食、清新的市郊风景及众多的游览项目和体育设施而著称与世。日内瓦也是世界钟表之都，钟表业与银行业成为日内瓦的两大精神支柱。

▶ 地理环境

日内瓦位于北纬 46°12′，东经 6°09′，在日内瓦湖的西南角流入罗讷河之处。日内瓦被两大山脉环绕着，即阿尔卑斯山山脉和侏罗山山脉。日内瓦市占地面积 15.86 平方千米，而整个日内瓦州为 282 平方千米，包括两块被沃州包围的土地。属于日内瓦州的湖面积达 38 平方千米，并通常被称作"小湖"。

日内瓦州仅有 4.5 千米的边境与瑞士其他州接壤。在 107.5 千米的边界线中，103 千米是与法国接壤；北面是安省，南面是上萨瓦省。日内瓦的海拔高度为 373.6 米，也就是上个冰河时期遗留下来的两块从湖中突起的巨石中最大的一块 Pierres du Niton 的海拔高度。这块石头纪尧姆·亨利·迪福尔将军选作所有瑞士测量工作的参考点。日内瓦第二大河叫做阿尔沃河，并在城中心偏西流入罗讷河。

▶ 历史沿革

日内瓦得名于公元前凯尔特人在此建造的古城。日内瓦第一次在拉丁语中出现是在凯撒的著作《高卢战记》中他对高卢战争的看法。这个名字最初有可能与位于利

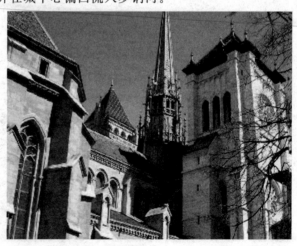

日内瓦圣彼埃尔教堂一侧

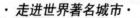

古里亚地区的 Genua 城相同（现热那亚），意思是"膝盖"，也就是指日内瓦的特殊地理位置在一个角落里；然而日内瓦这个名字的由来更有可能建立在 gen（诞生）这个字根上。在被罗马征服后，日内瓦变成了罗马行政区纳尔榜南西斯高卢的一部分。公元前 58 年，凯撒在日内瓦包围了西行的赫尔维蒂人。9 世纪成为勃艮第首都。虽然日内瓦一直是勃艮第人、法兰克人和神圣罗马帝国争夺的对象，但实际上日内瓦一直都是被其主教掌治着，直到宗教改革，日内瓦成为共和国。

由于加尔文等人带领的宗教改革，日内瓦常被喻为新教的罗马。16 世纪日内瓦是加尔文新教派的中心；老城区的日内瓦圣彼得大教堂便是加尔文自己的教堂。英格兰玛丽一世时期大力迫害新教徒，因此大量新教学者逃向日内瓦其中包括后来监督翻译日内瓦圣经的威廉·如惠丁汉和他的合作者迈尔斯·卡佛岱尔、克里斯多佛·古得曼、安东尼·吉比、托马斯·参森和威廉·科尔。

登城节游行在日内瓦历史上最重要的片断之一为登城事件。对于日内瓦的人民来说，登城事件是他们独立的象征。它标志着几位萨伏依公爵企图吞并日内瓦以作为他们阿尔卑斯山以北的首府的欲望彻底破灭。登城事件便是他们跨世纪一系列的进攻的句号。这最后一次进攻发生于 1602 年 12 月 11 至 12 日，因此这个日子被定为登城节。每年在日内瓦老成区都会举行马队，大炮和穿着当时服装的士兵的游行仪式以作庆祝。日内瓦，全称日内瓦共和州，于 1815 年成为瑞士的一个州。第一条日内瓦协议于 1864 年签订，以保护战时的伤患。

▶ 人文风情

日内瓦的著名风景包括花钟、艺术与历史博物馆、国际红十字和红新月博物馆和万国宫（联合国欧洲总部）。日内瓦最醒目的标志是日内瓦湖中的喷泉，140 米高的水柱可以从城中的许多地方看见。游人可以在湖边租一条船，到湖上游玩。日内瓦的老城区也是别有风味的一处旅游景点，游客可以在它的狭窄的街道中漫步或去看看圣彼得大教堂。

大喷泉

大喷泉位于日内瓦湖上，能喷射出140米高的水花，是日内瓦的象征，也是当地人的骄傲。

花钟

象征瑞士是钟表业中心地的花钟，放置于日内瓦湖畔的英国花园内，是世界上拥有最长秒针的植物钟，它的秒针长达2.5米，各秒点的距

大喷泉

离为27厘米。表面的倾斜度在钟表的精密度上起着重要的作用。钟表周长为15.70米，直径为5米。此花钟由6500种各色各样的植物装饰而成。

联合国欧洲总部

联合国欧洲总部是国际联盟的前身，现在则成为国际联合的欧洲总部。有可供参观学习的团体旅游安排。

国际红十字会博物馆

国际红十字会博物馆是纪念出生于日内瓦的亨利·杜南所建立的国际红十字委员会。游客可以通过录像等多种方式了解红十字会的活动，

日内瓦花钟

馆内还提供中文语音导游解说服务以方便中国游客。

圣皮埃尔大教堂

圣皮埃尔大教堂建于 12 世纪，是罗马式、哥特式、希腊－罗马式三种风格相互融合的建筑，是老城区的标志性建筑，它向人们讲述着悠长而错综复杂的古老历史。地下有考古学博物馆，是欧洲最大的考古学博物馆。

宗教改革国际博物馆

以加尔文为中心推行的宗教改革，使日内瓦声名远扬。宗教改革国际博物馆建在宗教改革圣地—圣皮埃尔大教堂旁，从规划到开放历时45 年。1536 年 5 月日内瓦的宗教改革宣言正式在此进行的。博物馆充分利用 1719 年的内部装饰，又配以最新的视听设备和技术，向游客介绍宗教革命的过去和现在。博物馆通过地下通道和圣皮埃尔大教堂地下

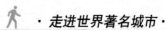

的考古学资料馆相连，是 Espace St. Pierre 的一部分。

塔沃馆

塔沃馆是日内瓦最古老的私人收藏博物馆。这里陈列着种类繁多的民俗用具和精致的小镇模型等，将小镇的历史和人们的生活体现得栩栩如生。

卢梭纪念馆

卢梭纪念馆建于让·雅克·卢梭的出生地，位于老城区 Grand Rue 40 号。

百达翡丽钟表博物馆

百达翡丽钟表博物馆向人们展示了世界钟表史及各种珍贵手表和精致的瓷釉收藏品。

日内瓦花钟阿里亚纳美术馆

日内瓦花钟阿里亚纳美术馆收藏了欧洲屈指可数的陶瓷器和玻璃工艺品。

美术历史博物馆

美术历史博物馆是瑞士唯一的百科全书式博物馆，涵盖了从古至今西方艺术的全部。在这座面积达 7000 平方米的雄伟建筑里，展示着考古学的历史和美术作品，它们包括从文艺复兴时代到现代的巨匠们的作品。

普蒂帕莱美术馆

普蒂帕莱美术馆收集了 1880 年至 1930 年的法国印象派作品的私人美术馆。

日内瓦湖畔

夏季里的湖畔公园将盛开万余朵鲜花。7 至 8 月间，这里还举办各种免费演唱会。

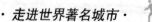

苏黎世不仅是瑞士最大的金融中心，而且是西欧重要的金融中心。苏黎世的班霍夫街则被认为是世界上最富有的街。

苏黎世（瑞士）

苏黎世不仅是瑞士最大的金融中心，而且是西欧重要的金融中心。这里集中了 120 多家银行，其中半数以上是外国银行，故享有"欧洲百万富翁都市"的称号。西尔波尔特大街和交易所大街两旁，银行林立，证券交易所的交易额在西欧交易所中首屈一指，总计西欧 70％的证券交易在此进行。苏黎世的班霍夫街则被认为是世界上最富有的街。每年从这里调动的资金，都达到了令人难以估计的天文数字。

苏黎世全景

走进世界著名城市
ZOUJINSHIJIEZHUMINGCHENGSHI

看图走天下丛书
Kantuzoutianxia Congshu

地理环境

苏黎世是瑞士东北部的州，北接德国。位于格拉鲁斯山北麓，大部地区为河谷地带，森林茂密。占地面积1729平方千米，人口114.5万，居各州首位。经济以工业为主，尤以机器和铁路设备制造业为重要；丝棉纺织业分布广泛。许多铁路线和山间铁路线以苏黎世为中心辐射到全国各地。农业生产高度现代化。

苏黎世全年气候宜人，年降雨量1500毫米，年平均气温8.6摄氏度。

历史沿革

苏黎世是瑞士的经济中心，同时也是300多家银行所在的金融中心。公元前罗马皇帝开始在林登荷夫山丘设置税关关卡，并命"Turi-

苏黎世市政厅

cum"关卡，苏黎世地名由此而来。中世纪苏黎世成为衔接北意大利和德国的交通枢纽，是个以纺织业为主的商业城市。1847年瑞士第一条连接苏黎世和巴登铁路诞生了，这使得苏黎世纺织产业与机械产业日益发达，由此奠定了金融实业的基础，从而成为瑞士的第一大城市。

苏黎世为中世纪与现代化相结合的城市。市内有中世纪时期的教学尖塔、古堡、喷泉；利马特河两岸有双塔式罗马大教堂、修女院、市政府和许多现代化的住宅、旅馆和饭店等。苏黎世湖犹如一弯新月倚在市区的东南端，长达40多千米，蔚蓝色的天空映着碧绿的湖水，片片白帆摇曳着湖上的云彩；郊区的山谷绿草如茵，林木葱茏。

苏黎世地处从法国到东欧和从德国到意大利的商路要冲，又是水陆空交通枢纽。工商业历来兴盛，特别是丝织业有很大发展，是中世纪阿尔卑斯山以北的丝织业中心。现在它的工业占全国第一位，机器制造业占全国生产总值的3/4。瑞士全国工商业联合会就设在此地。

苏黎世标志性建筑

苏黎世是重要的国际金融中心和黄金市场之一。这里集中了350余家银行及银行分支机构，其中外国银行近70家。享有盛名的苏黎世交易所建于1876年，其成交额在西欧交易所中居前列，最高峰时有70%的证券交易在此进行。瑞士证券交易所是世界上目前唯一的具有全自动交易和清算系统的交易所，其先进的设备、高素质的人员为投资者提供了优良的服务。苏黎世的黄金市场更是闻名遐迩，近年来其黄金市场的地位有所下降，60年代曾跃为仅次于伦敦的世界第二大黄金市场。

人文风情

苏黎世有1833年创建的瑞士最大的综合性大学——苏黎世大学。1848年苏黎世把首都的地位让给了伯恩，作为补偿，6年后在这里创办了联邦工学院。在这里曾经培养出两名伟大的科学家：爱因斯坦和核物理的创始人之一沃尔夫冈·波里。苏黎世文化氛围非常浓厚，拥有20多个博物馆、20多个图书馆、100多家画廊，音乐厅及歌剧院。

国家博物馆

位于火车站北面的国家博物馆是个值得参观的地方。它开办于1898年，是个维多利亚式的大建筑。展品以瑞士文化、艺术、历史为主题，其中包括中古宗教经文、绘画、彩色玻璃窗饰、取自古教堂及房舍的壁画等。博物馆楼上是一个大厅，其规模之大足以和大教堂媲美，展品有历代武器、甲胄、军报、军旗等。博物馆中还展出旧日房屋的内部装饰，是从真正房子移植到馆内的。其他展品有圣坛祭品、家具箱柜、古代钟表、金银饰物、民间服装……总之，凡足以说明瑞士文化及社会演变的实物，应有尽有。1910年列宁侨居苏黎世时，就利用这里的丰富资料撰写了不少有名的著作。

苏黎世美术馆

河东大教学以东数百米处，是苏黎世美术馆。该馆主要收藏西欧绘画，上至中古，下到本世纪的作品，尤其着重瑞士画家，如18世纪的

博斯利、19 世纪的勃克林及贺德勒等。雕塑则以表现派的贾柯麦蒂为主。美术馆除欧洲各国大师如莫奈、塞尚、梵·高、毕加索等人的作品外，还搜集了相当数量的蒙克的作品，是斯堪的纳维亚半岛外收藏蒙克作品最多的美术馆。夏高尔的作品更是丰富，独占一整间展厅。另有一个展厅专门展出达达主义的作品。

莱特博格博物馆

莱特博格博物馆位于苏黎世湖西一个林木繁茂的公园里。展品以外国艺术作品为主，包括中国画、美洲地毯、印度雕像、秘鲁陶瓷、非洲面具等。展品原为一个贵族所收藏，大半来自亚、非、拉各洲。

苏黎世还是瑞士文化、教育和科研中心之一。苏黎世湖畔的"馥劳"教堂始建于公元 853 年，为典型的罗马式建筑。教堂不远处全市最美的巴罗克式建筑是昔日的酒业公会。河对岸正对"馥劳"教堂的建筑是苏黎世大教堂，其一对高耸的塔楼建于 15 世纪，它是苏黎世城的重要标志。市政厅则是一座华丽的意大利文艺复兴风格的建筑。苏黎世市有各类博物馆、美术馆 50 多处。苏黎世联邦高工、苏黎世大学等院校均是举世闻名的高等学府，我国近千名瑞士留学生中约一半在上述两校深造。瑞士国家博物馆和图书馆也设在这里。列宁 1916 年至 1917 年在该市从事研究工作，完成了著名的《帝国主义是资本主义发展的最高阶段》一书。

斯德哥尔摩（瑞典）

斯德哥尔摩是瑞典的首都及第一大城市，是全国政治、经济、文化中心。由于地处波罗的海和梅拉伦湖交汇处，在北欧三国中，斯德哥尔摩算得上是岛屿最多的城市了。算上郊区的岛屿，共有 24000 个，被称为"北方威尼斯"。

地理环境

斯德哥尔摩大区包括周围 4 个市区，人口共 186 万，面积 142.5 平方千米。位于辽阔的波罗的海西岸，坐落在梅拉伦湖入海处。市区分布

斯德哥尔摩

在 14 座岛屿和一个半岛上，市内水道纵横，70 余座大小桥梁把它们联为一体，素有"北方威尼斯"的美誉。

斯德哥尔摩由格姆拉斯坦（老城）城堡建筑发展而来。至今保留着许多历史建筑物，景色秀丽。中央车站、大酒店以及其他设施主要集中在格姆拉斯坦以北的诺鲁玛尔姆地区；东部为幽静的高档住宅区埃斯特尔玛尔姆；南部的索德玛尔姆街则是艺术家和年轻人聚集之处。这里被称作世界最美丽的首都之一。

▶ 历史沿革

斯德哥尔摩英语意为"木头岛"，始建于公元 13 世纪中叶。那时，当地居民常常遭到海盗侵扰，于是人们便在梅拉伦湖的入海处的一个小岛上用巨木修建了一座城堡，并在水中设置木桩障碍，以便抵御海盗，因此这个岛便得名为"木头岛"。关于斯德哥尔摩这个名称，在当地还有传说，即古时梅拉伦湖上漂浮着一根巨大的木头，引导来自锡格蒂纳的第一批移民至此，建立了这座城市。另有这样的传说：以前这里一片荒凉，海浪冲来的遇难船只的碎片堆满海滩，当地居民便捞取这些木片搭起简陋的小屋。由于这些木片均不成块，只是一条条木头样的废料，因此，搭起的房子东倒西歪。

1250 年，这种碎木房屋在小岛上形成了一条街，外国船只开到这里进行商贸活动，看见街上的房屋如此模样，不禁感到好笑，随口喊出"斯德哥尔摩"。"斯德哥"是木头的意思，"尔摩"则是岛的意思，合起来为"木头岛"。由于斯德哥尔摩地理位置适中，气候温和，环境优美，1436 年被定为都城，并逐渐发展成为斯堪的纳维亚半岛上的最大城市。

市中心西南国王岛东端，便是市政厅所在地。市政厅的高达 105 米的塔尖上的三个金色皇冠，是斯德哥尔摩的象征。在皇宫附近，还有着"中国宫"和"北海草堂"。北海草堂则是一片中国式园林，是我国维新派领袖康有为在戊戌变法失败后流亡国外时构筑的。

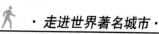

斯德哥尔摩也是一座文化名城，市内有 50 多座博物馆，如民族、自然、美术、古文物、兵器、科技博物馆等，分门别类，各有千秋。在斯坎森露天博物馆，有 150 座从瑞典各地搬来的农家小舍，风格各异，生动形象地向人们展现出瑞典古代劳动人民所度过的那些简朴而富有意义的岁月。还有藏书达 100 万余册的皇家图书馆和拥有 100 多年历史的斯德哥尔摩大学等。

自 1809 年以来，瑞典一直没有卷入各种战争之中，在两次世界大战中，因瑞典宣布为中立国，居民照常过着平静安宁的生活，斯德哥尔摩因此被人们称为"和平的城市"。

▶ 人文风情

斯德哥尔摩既有典雅、古香古色的风貌，又有现代化城市的繁荣。在老城区，那里有金碧辉煌的宫殿、气势不凡的教堂和高耸入云的尖塔，而狭窄的大街小巷更显示出中世纪的街道风采。在新城区，则是高楼林立，街道整齐，苍翠的树木与粼粼的波光交相映衬。在地面、海上、空中竞相往来的汽车、轮船、飞机、鱼鹰、海鸥，给城市增添了无限的活力，而远方那些星罗棋布的卫星城，更给人们带来一抹如烟如梦的感觉。

斯德哥尔摩南区的斯塔丹岛，据说是当年旧城的遗址，坐落在这里的富于古香古色情调的斯德哥尔摩老城，是游客竞相前往的地方。老城区大街小巷均采用石头铺筑，最宽处不过 5 到 6 米，最窄处不足 1 米，不但汽车、摩托车和自行车无法通行，就是两个人对面走过也得侧身相让。街道两旁是一些古老的店铺，出售古朴别致而精美异常的手工艺品和纪念品。瑞典王宫、皇家歌剧院、皇家话剧院、议会大厦以及斯德哥尔摩市政厅等都聚集在这里。

瑞典王宫建于公元 17 世纪，为一座方形小城堡。王宫正面大门前，两只张牙舞爪的石狮子分立两旁，门口站着数名头戴一尺多高的红缨军帽、身穿中世纪军服的卫兵，显得威严逼人。每天中午时分，卫兵们要举行隆重的换岗仪式。游人可以购买一张门票，通过岗哨进入宫内，参观历代瑞典国王遗存的金银珠宝和各种精美的器皿，观赏宫内琳琅满目的壁画。

老城之北便是市中心的塞尔格尔广场。广场中央有一个巨大的喷水池。池中屹立一根高约40米，由8万多块玻璃组成的大柱，在阳光和灯

塞尔格尔广场

光交织中放出奇异的色彩。广场四周的国王街，皇后街和斯维亚街是城市的最繁华商业区。这里的现代化气氛与古色古香的老城形成了鲜明的对照。广场下面有着庞大的地下商场和地下铁路中心站，被人们称为"世界最长的地下艺术长廊"。与"以舟代步"的威尼斯不同，斯德哥尔摩的地下铁路穿过海底，四通八达，是当地的主要交通工具。中心站分上中下三层，各层可同时上下乘客。

哥德堡（瑞典）

　　哥德堡，瑞典西南部海岸著名港口城市，是瑞典最大的河流——约塔河的出海口，是一座风光秀丽的海港城。哥德堡港终年不冻，成为瑞典和西欧通新风气主要港埠，瑞典全国对外贸易的货物有相当部分是从

哥德堡城市建筑

这里启运的，整个城市终年呈现着一片繁华和繁忙景象。因为哥德堡地处哥本哈根、奥斯陆和斯德哥尔摩三个北欧国家首都的中心，有450多条航线通往世界各地，是北欧的咽喉要道，在它方圆300千米以内是北欧三国工业最发达的地区，是北欧的工业中心。故哥德堡有"瑞典的利物浦"和"瑞典西部窗口"两个别称。

▶ 地理环境

哥德堡位于卡特加特海湾边，是约塔河和约塔运河的入海口。由于受墨西哥湾流的影响，哥德堡的气候温和多雨。哥德堡群岛由荒芜的岩石和峭壁组成，是典型的 Bohus 地区海滩的地貌。

▶ 历史沿革

在 16 和 17 世纪，哥德堡的位置对于整个瑞典来说有战略上的重要意义。它位于丹麦和挪威领土之间的瑞典西岸，是瑞典出海的西大门。在几次失败后，哥德堡于 1621 年由古斯塔夫二世国王成立。哥德堡的城市纹章里的狮子是来源于瑞典国徽，象征性地拿着一面有三顶皇冠图案的盾牌，来抵挡敌人的进攻。

根据 1658 年签订的《罗斯基勒条约》，丹麦－挪威割让了南面的丹麦哈兰和北面的挪威布胡斯省给瑞典，这样哥德堡的位置就不像原来一样在一个突出的犄角上了，同时开始慢慢发展成西岸的一个重要的港口和贸易中心。

哥德堡是由瑞典国王聘请的一些丹麦的城市设计师设计规划的。运河的蓝图实际上和雅加达运河一样。

18 世纪，渔业是哥德堡最重要的产业。1731 年，瑞典东印度公司成立，和亚洲的国家建立了贸易往来，哥德堡开始繁荣起来。

哥德堡的主机场为哥德堡－兰德维特机场，位于东面 20 千米处的兰德维特。略小一些的哥德堡城市机场位于西北方向 14 千米处。其他

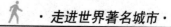

哥德堡中心广场

主要交通枢纽是哥德堡中央车站和尼尔斯·爱立信总站，来自瑞典不同地方、奥斯陆和哥本哈根的火车和汽车汇聚在那里。哥德堡还有一些轮渡航班来往于腓特烈港、基尔、克里斯蒂安桑和纽卡斯尔。

▶人文风情

不言而喻，海、贸易和工业历史是哥德堡文化的组成部分。城市最吸引人的地方是里瑟本游乐园，全球十大游乐园之一，以全世界最陡峭的木质过山车而闻名。

1923年的哥德堡工业展见证了艺术博物馆和一大批相关机构的成立。而大批运动中心和文化机构的建立使城市的文化活动的地位越来越重要。城市里面还有很多免费的剧院，如哥德堡城市剧院等。

每年举办的哥德堡电影节，是斯堪的纳维亚地区最大的电影节。

城市保留下来的17世纪的建筑已经很少了，因为除了军事和皇家

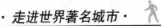

的建筑外都是木头建造的。

第一个建筑高峰时期是 18 世纪，当时的东印度公司使瑞典成为一个重要的贸易城市。古典建筑风格石头矗立在运河的两岸。这个时期建筑的一个例子是东印度公司的房子，现在是哥德堡博物馆的所在地。

19 世纪，有钱人开始陆续搬出城墙内的地区，城墙是丹麦—挪威联盟还是瑞典潜在威胁的时候建立起来保护城市的。这个时期建筑的风格是中产阶级喜欢的折衷的、学院派的，有点过于注重装饰的风格。工人阶级居住在拥挤的 Haga 区的木头房子里面。

哥德堡 Masthugget 山的建筑群，底下是 19 世纪的建筑，中间是粗野主义建筑，最上面是更古老的 Landsh. vdingehus 风格的建筑。从建城以来最重要的一个城市建设计划是 19 世纪 Kungsportsavenyn 街的建造。两边的建筑是城市最典型的建筑，称作"Landsh. vdingehusen"风格，造于 19 世纪末期。三层楼的一座房子，其中一楼是石头建造的，另外两层是木头建造的。

20 世纪早期在哥德堡的建筑历史中是一段非常重要的时期。浪漫主义风格流行，很多有纪念意义的建筑就是那个时期建造的，如 Masthugget 教堂。

在 19 世纪 20 年代早期，当城市庆祝建城 300 周年的时候，新古典主义风格的 G. taplatsen 广场奠基。

之后，哥德堡和瑞典其他城市的建筑风格转为实用主义风格，特别体现在 V. stra Fr. lunda 县和 Bergsj. n 县。1950 年，乌勒维体育场（Ullevi）建成，并作为 1958 年世界盃足球赛的主体育场之一。

19 世纪 80 年代，随着 Gert Wing. rdh 等建筑家的出现，后现代主义的建筑逐步矗立在哥德堡。一个值得提起的建筑是 Brudaremossen 电视塔，该塔是世界上极少数的半钢索塔之一。

雅典是欧洲甚至整个世界最古老的城市之一。公元前1000年，雅典成为古希腊的核心城市。

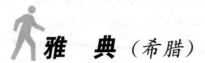

雅　典（希腊）

雅典是世界上最古老的城市之一，有记载的历史就长达3000多年。它是希腊经济、财政、工业、政治和文化中心，也是欧盟商业中心之一。

雅典至今仍保留着很多历史遗迹和大量的艺术作品，其中最著名的是雅典卫城的帕提农神庙，是西方文化的象征。

雅典是奥运会起源的地方。1896年曾举办过第一届夏季奥运会。2004年，第二十八届夏季奥林匹克运动会在雅典举行。

雅典全景

▶ 地理环境

　　雅典位于阿提卡的中心平原地带，四周群山环绕。西面是艾加里奥山，北面是帕尼萨山，东北面是彭特里山，东面是伊米托斯山，西南面则是圣罗尼克湾。雅典的地理结构导致逆温现象，也是近年来空气污染严重的原因之一。（美国洛杉矶和雅典有相同的地理结构，也有类似的问题。）1990年代以来，当地政府采取了一系列措施提高空气质量，逐步见到成效，如今雅典市内已经不太能见到烟雾。

雅典帕特农神庙

　　雅典位于地中海气候带和高山气候带的交界点，是典型的地中海气候，从每年10月中旬到次年4月中旬有大量的降水；夏天则降雨量很小，通常为暴雨或雷暴。由于雅典地处雨影区，因此雅典和欧洲其他地中海气候的城市相比，气候是非常干燥的。北部郊区的丘陵地带气候略有不同，冬天的温度更低一些，降雪也相对多一些。雾在城市中心并不多见，但是在东面的伊米托斯山周边地区较多。

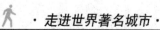

雅典几乎每年冬天都会下雪，春季和秋季是理想的观光旅游和举办各种户外活动的季节。夏季气温较高，平均最高温度为 32℃。每年 7 月至 8 月期间偶尔会有热浪，最高气温超过 38℃。

▶ **历史沿革**

雅典是欧洲甚至整个世界最古老的城市之一，其历史可以追溯到 3000 多年前。公元前 1000 年，雅典成为古希腊的核心城市。从公元前 9 世纪晚期到 8 世纪初，雅典已有贵族的豪华墓葬，铁器和青铜生产也发展迅速，达到建立城邦——早期的奴隶制国家的程度。梭伦是雅典城邦的第一任执政官，庇西特拉图是他的继任者。在他们统制时期，雅典工商业有显著发展。公元前 5 世纪成为西方文化的摇篮。

公元前 492 年，希波战争爆发，波斯在几个大的战役中都遭到失败，直到公元前 449 年希波双方缔结和约，战争才结束。公元前 431 年 6 月，雅典和斯巴达之间的伯罗奔尼撒战争爆发，历时 20 余年，以雅典失败告终。

中世纪雅典开始衰落，拜占庭帝国统治期间又得到复苏。在圣战期间，雅典由于和意大利的贸易往来而兴旺繁荣。在奥斯曼帝国统治期间，雅典再次衰落。19 世纪，雅典成为独立希腊的首都。1920 年代，由于战争的爆发，大量来自土耳其安那托利亚的难民涌入雅典，也使雅典的人口得以膨胀。如今大约有一半的希腊人口生活在雅典。

如今的雅典是希腊的铁路和航空枢纽。火车可直达中欧和西欧。雅典市内交通发达，街头每天有约 80 万辆汽车行驶。雅典是世界上拥有地铁较早的城市之一，地铁于 1925 年通车，长 25.7 千米。自第一次世界大战后，雅典一直是希腊的经济和贸易中心。它拥有希腊的重要港口——比雷埃夫斯港，并有铁路与其相连。比雷埃夫斯港可停泊各种海轮，拥有数千只注册商船。

▶ 人文风情

　　雅典卫城是希腊最杰出的古建筑群，为宗教政治的中心地。现存的主要建筑有山门、帕特农神庙、伊瑞克提翁神庙、埃雷赫修神庙等。这些古建筑都是人类遗产和建筑精品，在建筑学史上具有重要地位。

　　从雅典各个方向都可以看到耸立于雅典卫城山上顶端的帕特农神庙，据说远古这里曾供奉着高达10米的雅典娜神像，是举世闻名的古代七大奇观之一。帕特农神庙建于公元前447年，是著名建筑师和雕刻家菲迪亚斯的杰作。目前雅典政府正在对神殿进行保护性维修。

　　伊瑞克提翁神庙位于帕特农神庙北面，建于公元前421年至405年。南面西端，用年轻女子雕像代替柱子，富有创意和美感。大英博物馆正面柱廊的爱奥尼克式柱比例尺度等严格参照雅典卫城上伊瑞克提翁神庙的柱式。

　　奥林匹亚宙斯神殿起建于公元前515年，但直到公元2世纪哈德良皇帝统治时期才兴建完成。据说原有104根壮观的列柱，目前仅存12根。

雅典卫城

罗 马 （意大利）

　　罗马是意大利的首都，已有 2500 余年历史，是罗马天主教廷所在地。罗马是意大利政治、历史和文化的中心，同时也是世界灿烂文化的发祥地。古城居北，新城在南。它在 20 世纪 20～50 年代建成，是拥有摩天大楼的现代化城市。

▶ 地理环境

　　罗马位于台伯河下游平原，东距第勒尼安海 25 千米。市区跨台伯河两岸，架有桥梁 24 座。罗马是有着辉煌历史的欧洲文明古城，由于它建在 7 座山丘之上并有悠久的历史，故被称为"七丘城"和"永恒之城"。罗马位于亚平宁半岛中部的台伯河畔，是意大利占地面积最广、人口最多的城市。总面积为 1507.6 平方千米，其中市区面积 208 平方千米。罗马市现由 55 个居民区组成，人口约 264 万多。意大利半岛南北方向有座亚平宁山脉，把意大利半岛分成了东西两部分，亚平宁山脉旁边，有一条台伯河，罗马位于台伯河流入地中海的海拔最低 30 千米处。罗马气候温暖，四季鲜明，春季正是一年中最适合出游的季节。

▶ 历史沿革

　　罗马城市建立的日期并不确定，传统认为是在公元前 753 年，这已经广泛地为考古发现所证实，尽管可能此前已经有一部分人早就居住在

 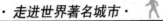

那里。传统上，罗马人把罗马城的建立归功于英雄罗穆卢斯。他和他的孪生兄弟瑞摩斯是英雄埃涅阿斯的后代。埃涅阿斯是希腊女神阿佛洛狄特（罗马神话中称维纳斯）的儿子，他在希腊人占领特洛伊城之后来到意大利。

大约在公元前 2000 年，这里已有罗马人居住。公元前 753 年 4 月 21 日建罗马城，至今已有 2700 多年的悠久历史。罗马人骄傲地称它为"永恒之城"。相传罗马的创建人罗幕路是母狼喂养大的，故罗马的城徽图案是母狼哺育婴儿。罗马城是罗马帝国的发源地和首都。公元 1 至 2 世纪，罗马成为西方历史上最大的帝国，并开始进入全盛时期。

在罗马长达约 2800 年的历史上，曾经历了东、西罗马的辉煌时期。1870 年，意大利王国军队攻占罗马，意大利统一事业完成。1871 年，意大利首都由佛罗伦萨迁回罗马。

"条条大道通罗马"，形象地表明了罗马作为意大利的交通枢纽，它有铁路、公路通往全国各地。罗马处于地中海地区的中央位置，也是国际空运的中心之一。

▶ 人文风情

罗马被喻为全球最大的"露天历史博物馆"。世界八大名胜之一的古罗马露天竞技场，也称斗兽场，建于公元 1 世纪。这座椭圆形的建筑物占地约 2 万平方米，周长 527 米，是古罗马帝国的象征。宽阔的帝国大道两旁建有元老院、神殿、贞女祠和一些有名的庙宇，如万神庙等。这片露天竞技场遗址的北面，是记载塞维罗皇帝远征波斯功绩的凯旋门，南面是记载蒂都皇帝东征耶路撒冷战绩的蒂都凯旋门，在蒂都凯旋门南面不远处，还有一座为纪念君士坦丁大帝战胜尼禄暴君而建立的罗马最大的凯旋门。帝国大道东边的特拉亚诺市场，是古罗马城的商业中心。市场旁矗立着一根高 40 米的凯旋柱，柱上螺旋形的浮雕，描绘了特拉亚诺大帝远征多瑙河流域的故事。古城市中心的威尼斯广场长 130

米，宽 75 米，是市内几条主要大街的汇集点。广场左侧是文艺复兴时期的古建筑威尼斯宫，右边是与威尼斯宫式样相仿的威尼斯保险公司建筑。此外，雄伟的司法宫、绚丽多姿的纳沃纳广场、圣彼得大教堂无不体现了文艺复兴时期的艺术风格。罗马还有上百座博物馆，收藏着包括文艺复兴时期的艺术珍品。

罗马集中了意大利独立统一运动的大部分纪念物。在威尼斯广场右边的纪念碑中央高台上，矗立着艾马努埃尔二世骑马的镀金大铜像。艾马努埃尔是曾经领导人民赶走外国占领者、统一意大利的国王。这座纪念碑被意大利人称为"祖国祭坛"。在台伯河西岸的佳尼科洛岭上，耸立着率军解放罗马的意大利民族英雄加里波第的纪念碑。

罗马市喷泉众多，千姿百态。最著名的特雷维喷泉，建于公元1762 年。喷泉中央的海神像中，两座海马雕塑代表平静的海洋与汹涌

万神殿

的海洋，四座神女像代表春夏秋冬四季。罗马城建筑依地势呈放射状发展。

万神殿

公元前 27 年兴建、公元 120 年重建的万神殿（Pantheon），被米开朗基罗赞叹为"天使的设计"。万神殿 Pantheon 的 Pan 是指全部，theon是神的意思，指必须供奉罗马全部的神。由于 608 年它被献给教会作为圣母的祭堂，所以罗马时代独创的建筑物中保存得最好的。正面的 16根圆柱让人联想到古希腊建筑。殿堂内部比例协调，十分恰当：直径与高度相等，约 43 米。大圆顶的基座从总高度的一半的地方开始建起。殿顶圆形曲线继续向下延伸，形成一个完整的球体与地相接。这是建筑史上的奇迹，表现出古罗马的建筑师们高深的建筑知识和深奥的计算方法。万神殿还是第一座注重内部装饰胜于外部造型的罗马建筑。

古罗马竞技场

公元前 80 年建成的雄伟的竞技场堪称公共建筑的楷模。在这里可

罗马竞技场

以见到古罗马建筑最基本结构和最伟大的成就之一：拱券结构。一系列的拱、券和恰当安排的椭圆形建筑构件使整座建筑极为坚固。当时的建筑就是依靠这种高水平的结构形式，使内部空间得以解放。竞技场设计了宽敞的阶梯和走廊，并设计了 80 个拱门，在每一个拱门的入口处都有标有数字，方便让观众很快的找到自己的座位，可以让 5 万人于 10 分钟内进入剧场内坐定。这样的设计即使在今天也算是很进步的。竞技场的功能性设计也非常合理，角斗士从何处出入，在哪里休息，猛兽关在哪里，死伤者从何处抬出，都有清晰的分布。

西班牙广场

当初本来是打算建造一座媲美许愿池的喷泉，但是经费庞大，不得不改为建台阶。1725 年，法国大使出资修建了台阶，却因为西班牙使馆坐落在此而得了个西班牙台阶的名字。现在的台阶上永远是人山人海，不仅有旅游者，当地人也喜欢把这里作为约会碰头的地点，大概因

罗马西班牙广场一隅

为"在第几级台阶上等"是非常明确的目标，不会找不到人。卖花小贩和画像的街头艺术家也聚集在这里，热闹嘈杂。圣三位一体教堂居高临下地俯视着台阶上的芸芸众生，每个匆匆而过的影像都被它看在眼里，却永远以沉默相对。台阶下的"破船喷泉"前面总是有人在弹吉他或拍照，也有口渴的游客掬水畅饮。

威尼斯广场

位于罗马市中心的圆形广场。威尼斯广场的正面是绰号叫"结婚蛋糕"、"打字机"的白色大理石建造的新古典主义建筑：维克多·埃曼纽尔二世纪念堂。为了庆祝 1870 年意大利统一而建造的纪念堂，耗时 25 年才建成。16 根圆柱形成的弧形立面是它最精彩的部分，台阶下两组喷泉寓意深刻：右边的象征第勒尼安海，左边的象征亚得里亚海，中央

威尼斯广场风光

骑马的人物塑像就是完成了意大利统一大业的维克多·埃曼纽尔二世。建筑物上面有两座巨大的青铜雕像，右边的代表"热爱祖国的胜利"，左边代表的是"劳动的胜利"。无论日晒雨淋，总有两名士兵纹丝不动地在这里守护着无名战士墓。

罗马广场

高 21 米、宽 25 来的凯旋门，是塞维路斯大帝在东方边境取得胜利后于公元 203 年修建的。凯旋门正面左侧的细长的台座是演讲台，曾经有奇克罗等雄辩家在这里极尽嘴舌之能事。左侧深处的 8 根圆柱，是罗马的农神撒托路努斯的神殿，当时被人们视为最重要的神殿。在 12 月祭祀农神的日子，奴隶被允许跟主人同样开怀畅饮。人们互相赠送礼品，据说这就是圣诞节传统的由来。罗马广场原来的神殿建造于公元前 5 世纪，现存的圆柱是 4 世纪重建的。从这里穿过弗奥罗中央的道路就是"神圣大道"。它的右边是现在已经完全变成了废墟的凯撒的大会堂。

维拉·朱利亚博物馆

馆内展示公元前 8 至 6 世纪在亚平宁奠定城市文明的依达拉里亚人的工艺品。维拉·朱利亚博物馆不仅是对伊达拉里亚人的文化和历史有兴趣的人，一般的人要想了解它高度的文明和艺术性，都应该参观这座博物馆。博物馆曾经是教皇朱利奥三世的别墅，中庭的花坛中的鲜花怒放，深处建有美丽的伊达拉斯库神殿的彩色复制品。内部分为两层，陈列室围着中庭排列着。维拉·朱利亚博物馆一楼第七展室中有从维奥出土的文物，是伊达拉里亚艺术家中唯一名声流传至今的维尔卡作的《阿波罗像》、《黑拉库勒斯》、《抱孩子的女人》等，是伊达拉里亚艺术的顶点。

罗马国立博物馆

展品主要是罗马内外出土的共和时代和帝国时代的珍贵雕塑作品，包括艾斯奎里诺山发现的奥古斯都像，都是古代艺术的世界级珍品。罗马国立博物馆其他展品还有按照执政者分类陈列的恺撒、庞培、安东尼、尼禄时代的古罗马硬币。

马杰奥尔圣母堂

据说公元 356 年，教皇力贝里乌斯梦中见到了圣母玛丽亚，她命令"在今晚下雪的地方建一座教堂"。当时虽然是 8 月，这里却下了雪，于是在下雪的地方建了马杰奥尔圣母堂（Santa Maria Maggiore）。由于马杰奥尔圣母堂建成以来经过多次改建，现在的圣母堂融合了各个时期的建筑风格。马杰奥尔圣母堂内部的 36 根圆柱是从古代罗马的神殿搬来的，以列柱支持水平梁是典型的初期基督教教堂建筑手法，主殿祭坛描绘旧约圣经 36 个场景的镶嵌画是 5 世纪基督教初期的遗物；圆顶上闪耀着 13 世纪的金色镶嵌画《圣母加冕》，二楼走廊后面也有 13 世纪的镶嵌装饰；1377 年建造的钟楼高达 75 米，是罗马之冠。

卡比多里尼美术馆

卡比多里尼美术馆是卡比多里诺博物馆和康塞巴托里博物馆的总称，位于卡比多里奥广场的右侧，是 1471 年建成的世界最古老的美术馆。康塞巴托里博物馆中收藏的鲁本斯的《卡比多里诺的母狼》是他带着对罗马的回忆开始绘制、到死也没有离手的一部作品。卡比多里尼美术馆画布上充满明朗的色调，满含着画家对罗马的爱。卡比多里诺博物馆最值得一看的是公元前 1 世纪的《拔刺的少年》和《濒死的高卢人》等罗马时代仿希腊风格的作品，以及米开朗基罗的《安东尼像》。三楼的绘画馆里有提兹亚诺、卡拉巴乔等人的作品。

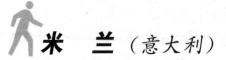

米 兰（意大利）

　　米兰这座主导意大利经济、工业的现代都市，现今已是欧洲最受瞩目的城市之一。全市以 14 世纪意大利建筑精华的主座大教堂为中心，充满着世纪末凄美婉约和对新世纪的憧憬和迷蒙幻想，表现出人类浪漫柔情和对未来的向往。米兰位于欧洲的东西及南北交结之处，又在伦巴第肥沃的平原上，具备了作为经济都市大力发展的要素。

米兰斯卡拉歌剧院

地理环境

米兰位于意大利人口最密集和发展最高的伦巴第平原上。它是欧洲南方的重要交通要点，历史相当悠久，以观光、时尚、建筑闻名。总面积约有 1982 平方千米。

历史沿革

米兰位于阿尔卑斯山南部，最早可能在公元前 600 年左右凯尔特人在此定居。公元前 222 年罗马共和国占领该地，逐渐成为意大利的商业贸易大城，公元 3 世纪时，被罗马皇帝正式划入财产之下，并成为基督教的推广中心，是西方文明在起步时的重要地区。公元 4 世纪，在圣安布罗斯在这里做主教和狄奥多西一世为罗马皇帝时，米兰曾短时间成为西罗马帝国首都，当时米兰是欧洲第二大城市，居民约 30 万人。

公元 774 年，查理曼大帝曾短暂征服米兰。直到公元 962 年，米兰才又回到意大利人的手上。公元 11 世纪，米兰重获其重要性，成为意大利其他城市的首领，实际上从神圣罗马帝国获得了独立。1349 年的瘟疫流行没有涉及米兰，但 1402 年（50000 人死亡）、1542 年（80000 人死亡）、1576 年（17000 人死亡）和 1629 年（70000 人死亡）的瘟疫却给米兰留下了深刻的创伤。

1450 年到 1500 年期间，米兰在艺术上成为了文艺复兴时期的重镇。列奥纳多·达·芬奇和布拉芒特曾在此工作。当时米兰试图统一意大利北部，但没有成功。15 世纪米兰被法国占领，16 世纪初被西班牙占领。

18 世纪，奥地利取代西班牙成为米兰的统治者。1800 年初期，拿破仑曾短暂地在北意大利成立 Cisalpine 共和国，以米兰为首都，拿破仑加冕后该共和国变成了意大利王国。此后米兰又沦为奥地利统治下的伦巴第－威尼斯王国的一部分。它是意大利民族主义运动的一个中心。

1859 年米兰被纳入萨丁尼亚王国版图，奥地利统治结束，1861 年

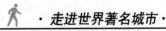
·走进世界著名城市·

米兰圣玛利亚感恩教堂

萨丁尼亚王国改为意大利王国。

由于米兰是意大利重要的工业中心，它在第二次世界大战中受到地毯式轰炸。甚至在彼得罗·巴多格利奥 1943 年投降盟军后，米兰还受轰炸。事实上米兰是贝尼托·墨索里尼的傀儡政权意大利社会共和国的一部分和驻意大利的德军的总部。当 1945 年 4 月 25 日意大利战争结束时，米兰受到严重损害，许多市区完全被消灭。战后米兰被重建，再次成为意大利重要的财政和工业中心。

▶ 人文风情

米兰是世界上最重要的歌剧中心，著名的斯卡拉歌剧院就在这里。

Ambrosiana 图书馆是欧洲最重要的文化收集处之一，它收集了大量的书籍，其中包括达·芬奇的素描和笔记本。

在圣玛丽亚感恩教堂里有达·芬奇最著名的作品之一：《最后的晚餐》。

威尼斯（意大利）

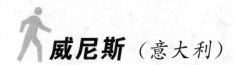

　　威尼斯是一座美丽的水上城市，它建筑在最不可能建造城市的地方——水上。威尼斯的风情总离不开"水"，蜿蜒的水巷，流动的清波，她就好像一个漂浮在碧波上浪漫的梦，诗情画意久久挥之不去。

> **地理环境**

　　意大利东北部城市，亚得里亚海威尼斯湾西北岸重要港口。人口34.3万。主建于离岸4千米的海边浅水滩上，平均水深1.5米。铁路、公路、桥与陆地相连。由118个小岛组成，并以177条水道、401座桥

水城威尼斯

威尼斯的"街道"

梁连成一体，以舟相通，有"水上都市"之称。

　　这里的建筑方法，是先在水底下的泥土上打下大木桩，木桩一个挨一个，这就是地基，打牢了，铺上木板，然后就盖房子，那儿的房子无一不是这么建造的。有人说，威尼斯城上面是石头，下面是森林。当年为建造威尼斯，意大利北部的森林全被砍完了。这样的房子，也不用担心水下的木头烂了，这种木头不会烂，而且会越变越硬，愈久弥坚。

▶ 历史沿革

　　威尼斯是一座美丽的城市，它建筑在最不可能建造城市的地方——水上。这个面积不到 7.8 平方千米的城市，一度曾握有全欧洲最强大的人力、物力和权势。威尼斯的历史相传开始于公元 453 年。当时这个地方的农民和渔民为逃避酷嗜刀兵的游牧民族，转而避往亚德里亚海中的这个小岛。肥沃的冲积土质，就地而取材的石块，加上用邻近内陆的木头做的小船往来其间；在淤泥中，在水上，先祖们建起了威尼斯。10世纪威尼斯开始发展，14世纪前后，这里已经发展成为意大利最繁忙的港口城市，被誉为整个地中海最著名的集商业贸易旅游于一身的水上都市。14至15世纪为威尼斯进入全盛时期，成为意大利最强大和最富有的海上"共和国"、地中海贸易中心之一。16世纪始，随着哥伦布发现美洲大陆，威尼斯逐渐衰落。1797年，威尼斯屈从于拿破仑的统治，有着1000多年历史的威尼斯共和国从此灭亡。1849年，反奥地利的独立战争取得胜利。直到1866年，威尼斯地区和意大利才实现统一，从此成为意大利的一个地区。

威尼斯圣马可广场

人文风情

　　威尼斯有毁于火中又重生的凤凰歌剧院、徐志摩笔下忧伤的叹息桥、伟大的文艺复兴和拜占庭式建筑、世界上最美的广场之一——圣马可广场、美得令人窒息的回廊……大师安东尼奥尼电影中最美的段落有一些就在这儿拍摄。这儿是文艺复兴的一个重镇，产生过历史上最重要的画派之一——威尼斯画派。德国音乐大师理查德·瓦格纳在这里与世长辞……这个城市昔日的光荣与梦想通过保存异常完好的建筑延续到今天，她独特的气氛令游人感到如受魔法，令凡是来过威尼斯的游客都念念不舍，乐而忘返。

　　威尼斯是世界著名的水城，它的美是水和桥构成的。如今，它是世

威尼斯凤凰歌剧院

界上唯一没有汽车的城市。

　　威尼斯的水道有些比北京的小胡同还要狭窄，两条船不能并开，只能单行。水道两旁都是古老的房屋，底层大多为居民的船库。连接街道两岸的是各种各样的石桥或木桥。它们高高地横跨街心，一点也不妨碍行船。威尼斯的桥梁和水街纵横交错，四面贯通，人们以舟代车，以桥代路，陆地、水面，游人熙攘，鸽子与海鸥一齐飞，形成了这个世界著名水城的一种特有的生活情趣。

　　在威尼斯众多座桥梁中，以火车站通往市中心的利亚德桥最为有名，又名商业桥，它全部用白色大理石筑成，是威尼斯的象征。大桥长48米，宽22米，离水面7米高，桥两头用12000根插入水中的木桩支撑，桥上中部建有厅阁，横跨在大运河上，大大小小的船只从太阳型的桥洞中穿梭。里亚托桥建（Rialto）于1180年，原先是一座木桥，后改为吊桥。在1444年的一次庆典中，因不堪重负，大桥折断。1580年至1592年，改建为现在的石桥。桥顶有一浮亭，桥两侧是20多首饰商店和卖纪念品的小摊。

　　威尼斯城内古迹甚多，大大小小的120多座教堂，有哥特式、文艺复兴式、巴洛克式等。另外，还有依水而建的120座钟楼、64座男女修道院、40多座宫殿，这些建筑都隔河相临，十分别致。威尼斯的房屋建筑风格各异，房屋的门窗、走廊上雕刻着精美的图案和花纹。夜间泛舟威尼斯，独有一番情趣。每年都有成千上万的游客来到意大利威尼斯，来感受她的美丽、温馨和浪漫。

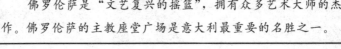
佛罗伦萨（意大利）

　　佛罗伦萨是一座具有悠久历史的文化名城，它既是意大利文艺复兴运动的发源地，又是欧洲文化的发源地。

　　佛罗伦萨全市共有 40 所博物馆和美术馆、60 多所宫殿及许许多多的大小教堂，收藏着大量的优秀艺术品和珍贵文物，因而又有"西方雅典"之称。它是世界上最丰富的文艺复兴时期艺术品保存地之一。

美丽的佛罗伦萨

▶ **地理环境**

　　佛罗伦萨位于亚平宁半岛北部一个宽广盆地的中心，三面环绕着美丽的粘土山丘，北面是 Careggi 和 Rifredi 山，东北是菲埃索莱山（Fiesole），东面是塞提涅亚诺山（Arcetri），南面是波乔皇帝山和贝罗斯伽多山。城市就坐落在其中的平坦地区，阿诺河以及一些较小的河流从其中流过。

　　托斯卡纳大区委员会成立的佛罗伦萨－普拉托－皮斯托亚地区是一个人口密集的地区，包括佛罗伦萨、普拉托、皮斯托亚三省。整个区域均属于人为强烈干预的环境，罕见自然环境。山丘地区历经千百年的农耕和居住，森林已经大为减少，特别是城市南部和东部。城市西部沿着阿诺河的平原湿地尚未成为都市化区域。

　　佛罗伦萨的气候通常归类为地中海气候，不过柯本气候分类法将

佛罗伦萨海神喷泉

佛罗伦萨的气候归类为亚热带湿润气候。由于地处群山环抱的山谷，阿诺河从中穿过的地理位置，佛罗伦萨的夏季缺少盛行风。6月到8月天气炎热潮湿，气温显著超过托斯卡纳大区的沿海地区，最高气温可达到

40℃。在夏季的少量降雨属于对流雨类型。由于逆温现象，佛罗伦萨的冬季阴冷而潮湿，最低气温有时会降到冰点以下，不过冰雪相当少见。

历史沿革

佛罗伦萨为人所知的历史开始于公元前 59 年，当时罗马帝国建立了这个村庄来安置退役的士兵。公元 4 世纪，这里成为罗马天主教的一个教区的中心，此后曾经先后被拜占廷帝国、东哥特人、伦巴第人和法兰克人所统治，人口下降到只有 1000 人。

公元 1115 年，佛罗伦萨开始成为一个神圣罗马帝国皇帝特许的自治城市。从 13 世纪起，因为皇帝和教皇的纷争，城市中政界分为皇帝支持的齐伯林派和教皇支持的盖尔非派。盖尔非派在 1269 年埃尔萨谷口村获胜，胜利后又由于依附教皇和强调独立分为黑盖尔非派和白盖尔非派，最终黑派胜利，但很快政权落入美第奇家族手中。美第奇家族曾经出过几任教皇，其家族的独裁统治持续将近 300 年。

内部的政治斗争并未阻止佛罗伦萨成长为欧洲最强大繁荣的城市之一。1406 年击败了对手比萨并将其吞并。在数百年间，佛罗伦萨统治了整个托斯卡纳，只有卢卡共和国例外，一直保持独立到 18 世纪，才被拿破仑并入意大利。马萨公国和卡拉拉侯国保持独立，到 1829 年被摩德纳公国吞并。

在 1348 年的黑死病之前，佛罗伦萨估计有 8 万人口（仅次于威尼斯，而超过米兰和博洛尼亚，是意大利第二大城市），有 25000 名毛纺工人。1378 年，佛罗伦萨发生梳毛工起义，短暂地建立了反对寡头统治的政权。起义被镇压之后，该市又处于美弟奇家族的统治之下（1382～1434）。

15 世纪，佛罗伦萨拥有重要的工业和大约 80 家银行的总行和分行，总收入超过英格兰。1494 年，受到激进的道明会神甫萨佛纳罗拉教导的影响，美第奇家族被驱逐，美第奇家族统治的第一个时期结束，佛罗伦萨恢复了共和政体。

1530 年，美第奇家族重获权力，得到皇帝和教宗的支持，1537 年获得佛罗伦萨公爵的称号。1569 年，美第奇家族又从教宗得到托斯卡纳大公头衔，统治长达 2 个世纪。

1735 年，法国洛林公爵弗朗茨·斯蒂芬与已经失去王位的波兰国王斯坦尼斯拉夫二世·列辛斯基用洛林换得托斯卡纳。1736 年，他与奥地利哈布斯堡王朝继承人玛丽亚·特蕾西亚女大公结婚。1737 年，美第奇王朝结束，弗朗茨·斯蒂芬成为托斯卡纳大公弗朗切斯科二世。1740 年，弗朗茨·斯蒂芬夫妇成为奥地利的共同统治者，托斯卡纳于是成为奥地利帝国哈布斯堡－洛林王朝的领地。1859 年，法国军队击败奥地利。1860 年，托斯卡纳被并入撒丁王国。1861 年，托斯卡纳成为意大利王国的一个省份。

由于拿破仑三世根据 1864 年 9 月协定提出了要求，1865 年佛罗伦萨取代都灵，成为意大利王国的临时首都，以表明意大利王国不会迁都到罗马。此前在 1861 年 3 月，意大利第一届国会已经宣布将定都罗马。但是在 1871 年，意大利军队占领罗马之后，将首都从佛罗伦萨迁往罗马。19 世纪，佛罗伦萨的人口增加到原来的 2 倍，而旅游业、商业、金融业和工业增加到原来的 3 倍。

第二次世界大战期间，佛罗伦萨曾经被德国军队占领一年（1943～1944），城市受到盟军的轰炸，到 1944 年 8 月 11 日被游击队解放。佛罗伦萨由于在第二次世界大战期间人民的牺牲和游击队活动而获得金质勇敢奖章。

1966 年 11 月 4 日，佛罗伦萨发生洪水灾害，市中心许多地方被阿诺河泛滥的洪水所淹没。由于油罐破裂，石油也混入洪水之中。狂暴的洪水对古城带来了毁灭性的破坏，其中包括国家图书馆珍贵的图书，散布于古城各处的珍贵文物。在这场悲剧之后，诞生了著名的"泥泞中的天使"，来自各地的志愿者艰难地恢复受损艺术珍品。

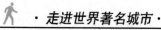

▶ 人文风情

　　佛罗伦萨被公认为是一个艺术城市，拥有建筑、绘画、雕塑、历史与科学的宝贵遗产，它们构建了这座城市，使整座城市如同一个环环相扣的博物馆。

　　佛罗伦萨的心脏位于领主广场，这里有宏伟的旧宫、兰奇长廊中的雕塑杰作长廊以及附近举世闻名的乌菲兹美术馆。不远处是该市的宗教中心圣母百花大教堂，连同其庄严的穹顶，在托斯卡纳大公国时期，据说其阴影能覆盖整个托斯卡纳。陪伴巨大的主教座堂的是极为美丽的乔托钟楼以及佛罗伦萨圣若望洗礼堂，在其青铜大门之中，还有一扇黄金

佛罗伦萨乌菲兹美术馆

的"天堂之门"。

　　阿诺河横贯整个城市,在佛罗伦萨历史和居民生活中占有重要地位。在历史上,这条河一段时间带来商业的利益,一段时间又带来泛滥的洪水,因此佛罗伦萨人对阿诺河是爱恨交加。在阿诺河上的桥梁中,老桥是一座独特的桥梁,桥上开设珠宝店,上层还有贵族行走的瓦萨利走廊,这也是该市唯一在第二次世界大战中幸存下来的桥梁。

佛罗伦萨老桥

　　除了乌菲兹美术馆之外,佛罗伦萨还拥有在世界各大城市中出类拔萃的众多博物馆:佛罗伦萨美术学院、巴杰罗美术馆以及碧提宫。佛罗伦萨人自称同时拥有女性美的最佳范例(桑德罗·波提切利的"维纳斯的诞生")和男性美的最佳范例(米开朗琪罗的"大卫像")。

　　阿诺河的左岸(南岸),称为奥特拉诺区,也是一个名胜众多的地区,那里古老的店铺还保存着普拉托利尼所描绘的佛罗伦萨旧日的气氛。不过浓郁的文化氛围更是遍及整座城市:拥有塔楼的街区,那里的墓碑激发了但丁作诗的灵感;在平静的美第奇别墅,"华丽的洛伦佐"洛伦佐·德·梅第奇经常招待新柏拉图学派的哲学家;佩哥拉剧院和波波里花园,是歌剧第一次上演的地方。

　　佛罗伦萨是"文艺复兴的摇篮",拥有众多艺术大师如伯鲁乃列斯基(育婴堂、佛罗伦萨圣老楞佐大殿、佛罗伦萨圣神大殿)、莱昂·巴蒂斯塔·阿尔伯蒂(新圣母大殿的正立面和鲁切拉宫)的杰作。其他风

格的杰作也出现在佛罗伦
萨：罗曼式的圣米尼亚托大
殿、哥特式的佛罗伦萨圣十
字大殿、风格主义的詹波隆
那或者贝尔纳多·布翁塔伦
蒂（海神喷泉和波波里花
园），以及 20 世纪意大利建
筑大师的杰作，如佛罗伦萨
新圣母车站和弗朗奇球场，
分别由米歇尔西和皮埃尔·
奈尔维设计。

佛罗萨领主广场上的雕塑

广场

领主广场：领主广场是
佛罗伦萨的中心广场，呈
"L"形，市政厅旧宫及其锯
齿形塔楼是广场上的主要建
筑，至今仍是该市政治和社会生活的中心。广场上罗列着众多的雕塑杰
作，例如大卫像的复制品、科西莫一世青铜骑马像、海神喷泉、海格力
斯和凯克斯等等，如同一座壮丽的露天博物馆。

主教座堂广场：佛罗伦萨的主教座堂广场是意大利最重要的名胜之
一，著名的佛罗伦萨主教座堂、乔托钟楼和佛罗伦萨圣若望洗礼堂三大
建筑均位于广场上。

共和广场：共和广场为一长 100 米、宽 75 米的 19 世纪风格的矩形
广场，它起源于古罗马时代，曾是中世纪的犹太人区，现在仍是佛罗伦
萨的"客厅"，拥有著名艺术家和作家聚会的咖啡馆、豪华旅馆，拱廊
现已辟为雅致的步行区，是该市的旅游热点和主要商业区。

圣十字广场：圣十字广场是另一个面积较大的广场，位于佛罗伦萨

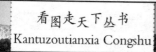

佛罗伦萨的共和广场

圣十字大殿之前，形状大致为矩形，在文艺复兴时期成为节庆、表演和竞赛活动理想地点进行，例如每年 6 月在此举行的"化妆足球"比赛。

圣老楞佐广场：圣老楞佐广场位于圣老楞佐大殿后面，侧面是王子小教堂的巨大穹顶。这座广场以每天举行的集市著称。

新圣母广场：新圣母广场的正面是华丽的新圣母大殿，是佛罗伦萨的主要广场之一。

圣母领报广场：圣母领报广场是意大利最美丽和谐的广场之一，可能是欧洲城市规划的第一个实例。

圣神广场：圣神广场是阿诺河南岸的奥特拉诺区最典型和活跃的广场之一，布满餐馆、夜总会以及跳蚤市场，佛罗伦萨人喜爱选择此处作为聚会场所。

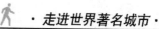

米开朗琪罗广场：米开朗琪罗广场位于阿诺河南岸，是观察佛罗伦萨的著名地点。

独立广场：独立广场是位于佛罗伦萨历史中心的一个大型广场，环绕广场的建筑多为 19 世纪和 20 世纪初中产阶级所有。

宫殿

碧提宫旧宫：旧宫位于佛罗伦萨的领主广场，是该市市政当局的总部。此处在佛罗伦萨共和国时期，就是市政机构所在地。科西莫·德·梅第奇的托斯卡纳大公国时期，将其变为一座私人宫殿。旧宫博物馆展出布龙齐诺、米开朗基罗和乔尔乔·瓦萨里的作品。

美第奇－里卡迪宫：佛罗伦萨的美第奇－里卡迪宫坐落在拉尔加路（今加富尔路）。16 世纪中叶以前，这里是美第奇家族的"总部"。此处保存有贝诺佐·戈佐利的文艺复兴杰作三王礼拜堂，充满了美第奇家族及当时人物的肖像。

鲁切拉宫：鲁切拉宫位于佛罗伦萨的新维尼亚路 18 号，是 15 世纪

佛罗伦萨碧提宫

佛罗伦萨建筑的杰作，由莱昂·巴蒂斯塔·阿尔伯蒂设计，是其著作《建筑十书》中建筑理论的实际应用。

斯特罗齐宫：斯特罗齐宫位于托纳波尼路的中段，被视作佛罗伦萨文艺复兴民用建筑的典型代表，庄重简朴，巧妙地利用了斜坡设计。

达万扎蒂宫：位于波尔塔罗萨路，是罕见的 14 世纪住宅实例，20 世纪初恢复，今天是一座博物馆。

比安卡·凯佩罗宫：由波恩达雷提设计，正立面上涂着 5 月 26 日标志。比安卡·凯佩罗是弗朗切斯科一世（托斯卡纳）的威尼斯情妇，其历史中充满了阴谋和政变场景，最终以悲剧收场。

安提诺里宫：位于托纳波尼路尽头的安提诺里广场。建于 1461 年到 1469 年。

塔楼

阿米德伊塔楼：阿米德伊塔楼建于中世纪，其中一个已经不是原

佛罗伦萨自由广场

物，因为已经在 1944 年被德国地雷摧毁，而另一个据认为是伊特鲁里亚人。

切尔基塔楼：建于大约 1200 年。这座塔楼邻近多纳蒂家族的塔楼，在黑白党之争期间互相竞争。

多纳蒂塔楼：这是一座位于佛罗伦萨历史中心的古代塔楼，邻近多纳蒂的另外两座塔楼。雕刻在石头上的简单的纹章，象征着家族的古老。

教堂

佛罗伦萨拥有为数众多的罗马天主教教堂。其中宗座圣殿（Basilica）达到 11 座，数目在世界上仅次于罗马（65 座）、阿根廷的布宜诺斯艾利斯（15 座）和波兰的克拉科夫（12 座），与另一座意大利城市博洛尼亚并列第四，而超过米兰（9 座）、威尼斯（8 座）、那不勒斯与巴塞罗那（7 座）。

圣母百花大教堂：是佛罗伦萨最著名的建筑物，也是天主教佛罗伦萨总教区的主教座堂，名列欧洲第四大教堂，仅次于梵蒂冈圣伯多禄大殿、伦敦圣保罗座

佛罗伦萨百花大教堂

堂和米兰大教堂。菲利波·布鲁内列斯基为其设计了精美而巨大的穹顶，长 153 米，宽 90 米，在佛罗伦萨任何地方都可见到。近旁的两座建筑物——钟楼（部分由乔托设计）和圣若望洗礼堂也是亮点。穹顶本身和钟楼都向游客开放，提供了绝佳的观景地点。这座穹顶在建成 600 年后，仍是世界上最大的用砖和灰泥建造的穹顶。

圣若望洗礼堂：这是佛罗伦萨现存最古老的建筑之一，建于 1059 年到 1128 年，其神秘的起源和发生的许多事件颇具戏剧性。圣若望洗礼堂呈八角形，与圣母百花大教堂和乔托钟楼一同坐落在主教座堂广场，其美丽的装饰体现了佛罗伦萨这座城市的精良工艺，包括其穹顶的镶嵌工艺，而 Lorenzo Ghiberti 的三组刻有精美浮雕的青铜大门，被米开朗琪罗称为"天堂之门"。美第奇家族成员和诗人但丁均在此受洗。

新圣母大殿：是佛罗伦萨的著名教堂之一，属于道明会，坐落在新圣母广场，保存了一些无价的艺术珍品，例如马萨乔、保罗·乌切洛、菲利比诺·李比和多米尼哥·基尔兰达约的壁画。教堂正立面则是莱昂·巴蒂斯塔·阿尔伯蒂和谐与感觉的杰作。

圣十字大殿：是方济各会最大的教堂之一，也是意大利最大的哥特式建筑之一。佛罗伦萨圣十字大殿安葬了为数众多的意大利历史上最杰出的艺术家、作家和科学家，如但丁、米开朗琪罗、伽利略、马基雅维利、罗西尼和马可尼等，因而被称为"意大利的先贤祠"。

圣老楞佐大殿：是美第奇家族从发迹直到消亡的家族教堂，不断增添菲利波·布鲁内列斯基、多那太罗和米开朗琪罗等最好的建筑师、画家和雕刻家的杰作。几乎所有美弟奇家族成员的墓地都在这里。

圣神大殿：是菲利波·布鲁内列斯基最后一部也是最合乎理性的一部作品，完成于他去世以后，其开放空间与封闭空间的组合惊人的和谐，并且充满了天然光线。

圣弥额尔教堂：它奇怪的形状是由于其实在古代这里曾经是一座谷仓，后来成为教堂，教堂正面外部的 14 个壁龛，分别由各个行会负责捐建各自主保圣人的雕像。

圣母领报大殿：是佛罗伦萨的圣母朝圣地，圣母忠仆会的发源地。这座教堂充满了从 14 世纪到 19 世纪的艺术杰作，坐落在同名的圣母领报广场（欧洲第一个城市规划的范例之一）。

诸圣教堂：属于阿美利哥·维斯普西家族，其平稳的外观是在超过

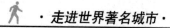

6个世纪的干预下，艰难融合的结果。

卡尔米内圣母大殿：以布兰卡契礼拜堂的杰作而举世闻名。在这里，马萨乔和马索利诺所作的壁画，首次显示出从后期哥特式学派出现了明显的新风格：文艺复兴。

天主圣三大殿：属于"Vallumbrosan"修会，是佛罗伦萨第一座意大利哥特式教堂；显然是受到了多米尼哥·基尔兰达约的杰作，沙西地教堂壁画的影响。

圣玛尔谷大殿：连同圣玛尔谷修女院，在佛罗伦萨历史上写下重要的一页，包括下列重要人物：科西莫·德·梅第奇、安东尼诺·白罗齐、贝阿托·安吉利科以及萨佛纳罗拉。

圣盖塔诺教堂：是冷静文雅的佛罗伦萨巴洛克艺术的最高表达，这是该市艺术史上最近重新发现的一个时期，在此表达了它的冷静与文雅。

佛罗伦萨东正教圣诞教堂

圣米尼亚托大殿：是佛罗伦萨最高的建筑之一，已经有800年的历史，是意大利和欧洲罗曼式建筑的最佳范例之一。

佛罗伦萨的切尔托萨：1314年由富有的尼克洛·阿奇亚奥里建造，孤单地竖立在城市南部的Galluzzo山丘，熙笃会修道院内仍有丰富的艺术品收藏。

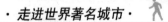

俄国东正教圣诞教堂：19 世纪下半叶，俄国东正教会在大片绿地的中心，建造了这座组合了许多奇特的装饰与色彩的异国情调的俄罗斯建筑，周围由熟铁栅栏环绕。

桥梁

老桥：这是佛罗伦萨的标志，位于阿诺河最狭窄之处。最初的建造可以追溯到古罗马时期。这也是 1944 年德国撤退时在佛罗伦萨唯一没有被炸毁的桥梁。

天主圣三桥：该桥得名于天主圣三教堂。这是意大利和全欧洲最美丽的桥梁之一。

感恩桥：佛罗伦萨的第三座石桥，建于 1237 年，当时就已经是石桥，有 9 个桥拱（19 世纪减少到 5 个），位于河流的最宽处。

卡瑞拉桥：该桥建于 1218 年，是一座木桥，取名"新桥"。这是仅次于老桥的第二座桥梁，在被洪水重回后改建为石桥。

圣尼可罗桥：建于 1836 年到 1837 年，位于佛罗伦萨市中心上游。

绿地

波波里花园：波波里花园连同碧提宫和观景城堡，是意大利历史园林的最佳实例之一。这座花园每年接待游客超过 80 万，不仅具有历史和风景价值，而且收藏有从古罗马时期到 16 世纪和 17 世纪的雕塑。

巴尔迪尼花园：巴尔迪尼花园环绕着巴尔迪尼别墅，位于佛罗伦萨南部的山丘上，距离波波里花园顶部的观景城堡不远。公园的大部分从米开朗琪罗广场清晰可见。2007 年 6 月，公园和别墅在经过长期恢复后开始向公众开放。

卡西内公园：卡西内公园是佛罗伦萨最大的公园，开始于维托里奥韦内托广场，以阿诺河和 Mugnone Macinante 运河为天然边界。

佛罗伦萨玫瑰园：佛罗伦萨玫瑰园是奥特拉诺区一个美丽的公园，低于西面的米开朗琪罗广场。

天真花园：天真花园是佛罗伦萨大学自然史博物馆的一部分，成立

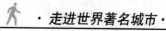

于 1545 年，是意大利第三座植物园。

城墙与城门

佛罗伦萨城墙是该市古老的环形防御体系，与城市一同出现，共有 6 道不同的轨迹，其中最后一道建于 16 世纪中叶。城墙上设有不同的城门和塔楼。

罗马门：这是佛罗伦萨城墙的南门，出此门可前往锡耶纳和罗马。

圣弗莱蒂亚诺门：这是佛罗伦萨城墙的一部分，位于西部的奥尔特拉诺区，得名于齐名的村庄，建于通往比萨的路上。

圣乔治门：这是佛罗伦萨城墙的一部分，位于奥尔特拉诺区的圣莱昂纳多路和圣乔治路之间，这里有现存最长的一段城墙。

圣米尼亚托门：这是佛罗伦萨城墙的一部分，位于奥尔特拉诺区的圣尼可罗地区，介于圣米尼亚托和山上十字架路之间。其名称源自于此处是通往圣米尼亚托大殿道路的起点。

十字架门：这是佛罗伦萨城墙上幸存的壮观城门之一，位于环形林荫大道上的贝卡里亚广场。

圣加洛门：这是佛罗伦萨城墙的一部分，位于自由广场。

法恩扎门：这是佛罗伦萨城墙的一部分，位于今天法恩扎路的尽头。

普拉托门：这是佛罗伦萨城墙的一部分，位于一个交通繁忙的广场的中心，汇聚了罗塞利大道、莫塞桥路和贝尔菲奥雷大道。

圣尼可罗门：这是佛罗伦萨城墙的一部分，位于奥尔特拉诺的波吉广场。今天它孤立地坐落在那里，魁伟而高耸，更像一座塔楼（尽管过去所有佛罗伦萨的城门都是如此），有时被称为圣尼可罗塔楼。

铸币厂塔楼：这靠近佛罗伦萨城墙东部与阿诺河汇合处，也可称为"东端塔楼"。今天孤立于环形道路与通向旧铸币厂道路汇合处的中间。

Serpe 塔楼：这是 14 世纪佛罗伦萨城墙的一部分。这座塔楼现在位于繁忙的环形道路中间一个岛上。

布拉格（捷克）

捷克首都布拉格是一座著名的旅游城市，市内拥有为数众多的各个历史时期、各种风格的建筑，从罗马式、哥特式建筑、文艺复兴、巴洛克、洛可可、新古典主义、新艺术运动风格到立体派和超现代主义，其

著名旅游城市布拉格

 ·走进世界著名城市·

中特别以巴洛克风格和哥特式建筑更占优势。

地理环境

　　布拉格位于捷克的中波希米亚州、伏尔塔瓦河流域。地处欧洲大陆的中心，在交通上一向拥有重要地位，与周边国家的联系也相当密切（特别是在地理上恰好介于柏林与维也纳这两个德语国家的首都中间）。地形波状起伏，最低点海拔 190 米，最高点海拔 380 米。气候为典型的中部大陆型。7 月平均气温 19.5℃，1 月平均气温－0.5℃。年降水量约500 毫米。

历史沿革

　　自从旧石器时代起，布拉格所在的地方就已经有人类定居。大约公元前 500 年，凯尔特人的波伊（Boii）部落居住在这一地区，他们将这个地区称为波希米亚。后来，日耳曼人赶走凯尔特人，移居到这一地区。到公元 6 世纪，日耳曼人部落多数移居到多瑙河流域，一支斯拉夫部落乘机从西面入侵，定居在波希米亚地区，他们就是捷克民族的祖先。

　　传说布拉格的创建者是莉布丝公主和她的丈夫培密索尔，并以培密索尔的名字命名，建立了霍什米索王朝。传说公主在她位于中波希米亚的莉布新（Libusin）城堡中说了许多

布拉格风光

预言（得到 7 世纪以前考古学发现的证实）。其中一个预言说，她预见

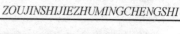

布拉格城堡

到了布拉格的荣耀。一天，她在异象中看见："一个伟大的城市，它的荣耀能达到天上的繁星！我看见它在在森林中伏尔塔瓦河畔陡峭的悬崖之上，那里有一个男人，他正在为房屋凿出门槛，在那里要建起一座名叫布拉格（Praha）的城堡。王子和公爵们都要在门槛前弯腰，他们要向城堡和环绕它的城市低头。它将得到尊敬，得到人所共知的荣誉，整个世界都要赞美它。"无论这个传说是真是假，布拉格确实是以 9 世纪在伏尔塔瓦河右岸居高临下建造的高堡为核心，而逐渐形成的。后来在河对岸建造了另一座城堡，就是今天的布拉格城堡。不久布拉格成为波希米亚的首都，并成为欧洲南北商路上一个重要的贸易中心，吸引了许多犹太人。973 年，该市成为一个教区中心。

　　13 世纪，在布拉格城堡周围的 3 个居民点获得了市镇的特权。

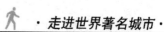

1257 年，在布拉格城堡以南新建了小城（Malá Strana），这是德意志人居住的地区，拥有自治权。紧邻城堡西面和北面的布拉格城堡区（Hrad. any）在 1320 年获得自治权。伏尔塔瓦河对面的布拉格老城（Staré Mesto）则早在 1230 年就已获得自治权。

　　第一次世界大战结束后，奥匈帝国战败，布拉格成为新成立的捷克斯洛伐克的首都，布拉格城堡则成为总统府。这一时期，布拉格仍以工业发达闻名欧洲。1922 年初，周边 37 座自治城镇划归布拉格，居民骤增至 676000 人。1930 年人口达到 85 万。到 1938 年，布拉格人口增加到 100 万。

　　1939 年 3 月 10 日，希特勒命令德国军队占领了布拉格，成立波希米亚和摩拉维亚保护国。1945 年 5 月 5 日，布拉格的捷克人发动了反对纳粹占领的布拉格起义。同一天，美军攻占了距离布拉格只有一小时路程的比尔森（而苏联军队尚在摩拉维亚边境），帕顿将军意图解放布拉格，但被艾森豪威尔将军阻止。根据此前在雅尔塔会议上达成的秘密协议，波希米亚将由红军解放。1945 年 5 月 9 日（德国正式投降的第二天），苏联坦克开进了布拉格。战后，布拉格再次成为捷克斯洛伐克首都。许多捷克人真诚地感谢苏联士兵。战争结束数月后，苏联军队离开捷克斯洛伐克，但苏联保持了对捷克强烈的政治影响。1948 年 2 月，共产党接管了布拉格政权。

　　这时，布拉格长期思想活跃的知识分子群体无法适应战后的高压控制，1967 年，该市举行的第四次捷克斯洛伐克作家协会大会上，米兰·昆德拉等许多作家开始批评共产党。1968 年 1 月 5 日，捷克新领袖亚历山大·杜布切克开始政治民主化运动，即布拉格之春。同年 8 月 20 日，苏联及华约成员国武装入侵捷克，扑灭了这场运动。

　　1989 年，柏林墙倒塌后，布拉格街头挤满了人群，开始了天鹅绒革命，捷克斯洛伐克摆脱了共产党和前苏联的影响。1993 年，捷克斯洛伐克分治后，布拉格成为捷克共和国的首都。此后布拉格日益受到全球化的影响，2000 年爆发了 15000 人参与的反对全球化的抗议活动。

2002 年 8 月，布拉格遭受严重的洪灾，城中多处毁坏。

现在的布拉格已成为一个国际化的大都市，以其独特的风情吸引着世界各地的人们。

布拉格市内有查理大学（又称布拉格大学）、

布拉格广场

工学院、音乐学院等高等院校和国家科学院、农业科学院等科研机构。剧院、博物馆和美术馆众多。古建筑风格多样，包括布拉格城堡、王宫、教堂等。音乐久负盛名，每年一度的布拉格之春音乐会，为世界上重要的音乐盛会。市内多公园、绿地，为欧洲旅游城市，素称"金色布拉格"。

布拉格是一座欧洲历史名城。城堡始建于公元 9 世纪。1345 年至 1378 年，在查理四世统治时期，布拉格成为神圣罗马帝国兼波希米亚王国的京城，而达到鼎盛时期，并兴建了中欧、北欧和东欧第一所大学——查理大学。15 世纪和 17 世纪，在布拉格先后由于宗教原因发生 2 次掷出窗外事件，分别引发了胡斯战争和影响深远的欧洲三十年战争（1618～1648）。工业革命以后到第二次世界大战以前，布拉格曾属于欧洲工业较发达的城市之一，在奥匈帝国拥有举足轻重的地位。当时布拉格也曾是一个多民族混居的城市，多元文化是其显著特色，不过经过两次世界大战之后，布拉格已经基本上成为单一捷克民族的城市。在冷战时期，布拉格又发生过数次震动世界的事件：1948年共产党上台、1968年的布拉格之春和1989年的天鹅绒革命。

布拉格是一座著名的旅游城市，市内拥有为数众多的各个历史时期、各种风格的建筑，从罗马式、哥特式建筑、文艺复兴、巴洛克、洛可可、新古典主义、新艺术运动风格到立体派和超现代主义，其中特别以巴洛克风格和哥特式建筑更占优势。布拉格建筑给人整体上的观感是建筑顶部变化特别丰富，并且色彩极为绚丽夺目（红瓦黄墙），因而拥有"千塔之城"、"金色城市"等美称，号称欧洲最美丽的城市之一。1992年，布拉格历史中心列入联合国教科文组织的世界文化遗产名单。

布拉格也是欧洲的文化重镇之一，历史上曾有音乐、文学等诸多领域众多杰出人物，如作曲家莫扎特、斯美塔那、德沃夏克，作家弗兰兹·卡夫卡、哈维尔、米兰·昆德拉等人在该城进行创作活动。如今该市仍保持了浓郁的文化气氛，拥有众多的歌剧院、音乐厅、博物馆、美术馆、图书馆、电影院等文化机构，以及层出不穷的年度文化活动。

柏 林（德国）

　　柏林，是德国第一大城市，有 750 年的历史，2000 年成为德国的新首都。柏林的建筑多姿多彩，蔚为壮观。人们徜徉街头，随处可见到一座座古老的大教堂、各式各样的博物馆和巍然挺立的连云高楼。既有巴洛克风格的灿烂绚丽的弗里德里希广场，又有新古典主义风格的申克尔剧院；既有富丽堂皇的宫殿，又有蜚声世界的现代建筑流派作品。这些美不胜收而又经历了历史沧桑的各具特色的建筑，使人强烈感受到柏

鸟瞰柏林

林的古典与现代、浪漫与严谨的氛围。

地理环境

柏林市处于德国东北部的低地平原上，平均海拔在 70 米以下，纬度较高，因而一年四季气温较低。不容质疑这是个适合夏季旅游的城市，即使是冰冷刺骨、湖面冰封的时候，柏林也算得上非常美丽。从 5 月开始，严冬般的柏林才开始转暖，而 9 月以后柏林又开始进入"严冬"了，所以去柏林旅游，最好避免冬季出行。

柏林气候属温带海洋性气候和温带大陆性气候之间的过渡型，年平均气温 9.4℃。冬季较冷，1 月平均气温 −1℃；夏季凉爽，7 月平均气温 18℃。年降水量 580 毫米，年内分配较均匀，惟夏雨略多。冬季常有降雪，降雪约占年总降水量的 1/4～1/5。年平均积雪期 50 天。

历史沿革

柏林是一个很古老的城市。这里最初是易北河东北的一片沼泽地，有西斯拉夫人部落的两个聚落点，名字分别是柏林和科恩。直到 12 世纪，日耳曼人驱逐了定居在这里的斯拉夫人后，才在施普雷河畔建立两个村镇，并且沿用了其斯拉夫名字。柏林在 1237 年建成，位于施普雷河东岸，是商人的聚居区；科恩位于施普雷河西岸，是渔村。

1307 年，柏林和科恩合并为一市，名字定为柏林，在阿斯卡家族的统治下成为重要的商业中心。14 世纪，柏林加入波罗的海和北欧的重要商业同盟——汉萨同盟，但是此时的柏林只是神圣罗马帝国边疆的一个荒蛮城镇。

1411 年，来自德国西南地区的霍亨索伦家族的腓特烈出任边境总督，平定了战乱，并成为勃兰登堡选帝侯。从 1415 年起，柏林成为勃兰登堡选帝侯的首府。1640 年到 1688 年，腓特烈·威廉一世（大选帝侯）开创了柏林在文化和艺术上的繁荣，兴建了皇宫、军械库、教堂和波茨坦离宫，为柏林赢得了"施普雷河畔的雅典"的美誉。

普鲁士王国时期

1701 年，选帝侯腓特烈一世加冕为普鲁士国王，柏林成为普鲁士王国的首都。从 18 世纪的腓特烈·威廉一世和腓特烈大帝开始，柏林在中世纪的老城区西部修建了大量的巴洛克式和洛可可式建筑，组成了被称为"腓特烈城"的新

柏林勃兰登堡门

城区。其西部边界是三座广场及城门：巴黎广场和勃兰登堡门、莱比锡广场和波茨坦门、美盟广场和哈勒门。

柏林在七年战争中曾被奥地利和俄国军队占领，1806 年被法国军队占领。虽然城市没有遭到严重的破坏，但是拿破仑下令将勃兰登堡门上的胜利女神马车拆下来运回法国，并于 1814 年才归还。

从 19 世纪初开始，柏林再次进行大规模扩建。建筑师朗汉斯（Langhans）和申克尔（Schinkel）修建了众多新古典主义纪念建筑，如国家剧院、远古博物馆、国立美术馆、勃兰登堡门、菩提树大街，以及博物馆岛的众多博物馆建筑：老博物馆、新博物馆、国家美术馆、帕加蒙博物馆、腓特烈皇帝博物馆。柏林为此获得了"施普雷河畔的雅典"的称号。

另一方面，普鲁士皇家园林总监林奈对柏林的城市绿化作出了出色

的规划，建设了以柏林动物园为中心的大规模城市绿化带，修建了由菩提树大街和夏洛滕堡大街组成的柏林"东西轴线"，连接起柏林东部政府区与西部商业和园林区。

1810 年，柏林大学成立。从 1837 年起，普鲁士开始了工业化进程，在柏林建立起西门子等工厂。1848 年革命时，柏林也发生了起义。

德意志帝国时期

1862 年，威廉一世任命俾斯麦为首相。1871 年，柏林成为德意志帝国的首都。1894 年，建筑师瓦洛特建造了国会大厦。

到 20 世纪初，柏林已经在工业、经济和城市建设上达到伦敦、纽约和巴黎的水准，成为又一个世界性的政治、经济和文化中心。这期间柏林建造了大量的道路、桥梁、地铁和车站建筑，兴建了豪华的办公大楼和商业区、住宅区。到 1900 年，柏林人口已经达到 270 万。

魏玛共和国时期

第一次世界大战没有给柏林带来严重的破坏，但是在 1919 年柏林爆发了工人起义和内战。1920 年发生了卡普暴动。同年 4 月 27 日，柏林同其周围的 8 个城镇、59 个村庄合并为"大柏林"，柏林的人口一夜之间增长了一倍，达到 400 万。在深受 20 年代经济危机之苦的同时，柏林也进入了新思潮、新艺术层出不穷的时期，这段时期被称为柏林的"黄金的艺术年代"。

第三帝国时期

1933 年 1 月 30 日，希特勒成为德国总理。同年 2 月 27 日发生了国会纵火案。1936 年在柏林举办了第 16 届奥运会，纳粹德国将其作为展示自己的橱窗。1938 年的"水晶之夜"事件中，柏林发生了打砸抢犹太人财产的事件。

1939 年第二次世界大战爆发，希特勒幻想在战后将柏林建设为其欧洲帝国的首都，更名为"日耳曼尼亚"（Germania）。他的御用建筑师斯佩尔为此设计了庞大的沙盘模型。

第二次世界大战后期，由于盟军的空袭和苏联红军的进攻，柏林市遭到毁灭性的破坏。1943年11月22日，英国皇家空军派出764架轰炸机，展开大规模轰炸柏林的"柏林战役"，炸毁了东起蒂尔加滕和夏洛滕堡、西至斯潘道和西门子施塔特的整片区域。从1943年11月到1944年2月，"柏林战役"一共对柏林发起13次大规模空袭，其中9次的轰炸规模在500架以上，摧毁了柏林1/4的市区，四郊和市区内的150多座电气、军火、通讯设备和轴承工厂，炸死1万多人，并使150万人无家可归。市区90%的建筑被摧毁，树木全部被砍光，水电系统也遭到破坏。

1945年4月16日，苏联红军调集了2.2万门大炮和白俄罗斯方面军的10个集团军，开始对柏林的总攻。5月1日苏联红军的旗帜插上了勃兰登堡门和国会大厦。5月8日德国投降。

冷战时期

随着盟军在第二次世界大战中的胜利，不仅仅德国，柏林也按照战前柏林的行政区界线被分成两个部分——由苏联控制的东柏林（范围包括战前23区中的12个区）以及由美国、英国、与法国控制的西柏林。柏林变成了苏、美冷战的聚集点。

1948年为了反对盟国在德国西部实行的货币改革以及迫使盟军退出柏林，苏联对柏林展开了长达半年的封锁。盟国通过柏林空运挫败了苏联的企图。

1953年6月17日，东柏林工人展开了抗议生活水平下降而举行起义，起义不久即被苏联军队镇压下去。1958年11月10日，赫鲁晓夫宣称四大国对柏林的占领已经过时，要求美、英、法从西柏林撤军，并称6个月之内西柏林应当成为苏军可以自由进出的"自由城市"。

由于大量东德居民通过不设防的柏林分界线涌入西柏林和西德，1961年8月13日，东德建起了柏林墙。10月25日，美国坦克开到弗里德里希大街南部的查理检查哨，试图进入东柏林，与90米开外的苏军坦克对峙了16个小时。此后柏林成为东西方意识形态交锋的最前沿。

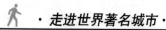

由于存在种种历史问题和制度上的缺陷，1989年，东欧国家民众掀起了对社会主义和共产党政权的总抗议。1989年11月9日深夜，东德被迫宣布开放柏林墙。1990年10月3日，德国重新统一，柏林举行了盛大的庆祝活动。柏林墙被拆除。

1991年，德国议会投票决定在2000年之前将首都从波恩迁回柏林。此后柏林展开了大规模的重建工作。在国会大厦北面修建了新的国会和总理府。以前是柏林墙脚下布满地雷的警戒地带的波茨坦广场重新成为柏林的商业中心。

▶ 人文风情

柏林的经济、文化事业均非常发达。鸟瞰柏林，其周围被森林、湖泊、河流环抱，城市仿佛沉浸在一片绿色海洋之中，施普雷河从南面缓缓流过市区。亚历山大广场电视塔，四周环以现代化的旅馆、商店、会议厅、教师会馆等大型建筑，气魄雄伟、造型美观。库尔费斯腾达姆商业街长3千米，商店、服饰店、画廊鳞次栉比。著名的菩提树街，是欧洲最著名的林荫大道。此外，用乳白色花岗岩筑成的勃兰登堡门、有800年历史的圣母教堂、市政厅、博物馆岛上的古老建筑群、"水晶宫"共和国宫、洪堡大学等亦十分著名。古老的夏洛特堡宫周围分布着埃及博物馆、古董博物馆、史前早期博物馆和应用美术馆等重要文化建筑，其内收藏着许多珍贵文物和艺术品。古老的威廉皇帝纪念教堂直侧建有八角形的新教堂。1957年落成的银色、屋顶呈蚌壳状的会议大厅是现代建筑的代表作之一。

市内米特区西南缘挺立着勃兰登堡门，是曾经作为柏林象征的凯旋门，建于1791年，全部用乳白色花岗岩筑成，门楼上耸立着用青铜铸造的胜利神像。

勃兰登堡门东侧延伸着菩提树下大街，为长1.2千米，宽60米的林荫大道，两旁宫殿林立，和现代化建筑群交相辉映。威廉大街由北往

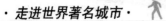

南穿过菩提树下大街，曾是希特勒政府活动中心。东为亚历山大广场，有新建的办公大楼，是原东柏林市政府所在地。旁有宏伟的共和国宫，外表全部用巨型特制玻璃镶嵌而成，是原民主德国人民议院召开会议的大厦。

勃兰登堡门西侧有过去的帝国大厦，已部分修复。往西蒂尔加滕区中耸立着1957年落成的议会大

柏林圣母教堂

厦，是现代建筑的代表作之一，在此举行过上百个国际会议。该区西端为柏林动物园，建于1841年，饲养着许多珍贵动物，为世界最大的动物园之一。蒂尔加滕区西南延伸着库尔菲尔斯特达姆林荫大道，两旁现代化商店林立。柏林植物园和植物博物馆建于17世纪，原是皇家花园，第二次世界大战后重建。

市区西部沿哈弗尔河分布着大片湖泊和森林，其北是奥林匹克体育场，1936年为举行第11届奥林匹克运动会专门修建，体育场周围有占地100多公顷的游泳场、冰球场、网球场和赛马场。市内还有洪堡大学（建于1809年）、自由大学、艺术科学院、博物馆、图书馆及歌剧院等文化设施，文化事业发达。

巴　黎（法国）

　　巴黎市是法国的首都和最大城市，也是法国的政治文化中心。巴黎同时也是法国的第 75 省，属于法兰西岛大区。巴黎大都会为欧洲最大的都会区之一。

　　从古至今，从世界各地汇集到巴黎的年轻人都拥有各种梦想和野心，在这里他们曾实现梦想，也曾有过失望，然而正如利尔克曾说过

鸟瞰巴黎

的："巴黎是一座无与伦比的城市。"

▶地理环境

狭义的巴黎市只包括原巴黎城墙内的 20 个区，面积为 105 平方千米。大巴黎地区还包括分布在巴黎城墙周围，由同巴黎连成一片的市区的上塞纳省、瓦勒德马恩省和塞纳－圣但尼省组成。巴黎市、上述三个省以及伊夫林省、瓦勒德瓦兹省、塞纳－马恩省和埃松省共同组成巴黎大区。这片地区在古代就已经被称作"法兰西岛"。

巴黎是欧洲大陆上最大的城市，也是世界上最繁华的都市之一。地处法国北部，塞纳河西岸，距河口（英吉利海峡）375 千米。塞纳河蜿蜒穿过城市，形成两座河心岛（斯德和圣路易）。截至 2007 年 1 月 1 日，首都巴黎人口为 215 万，包括市区和郊区的巴黎大区人口有 1149 万。城市本身踞巴黎盆地中央，属温和的海洋性气候，夏无酷暑，冬无严寒。1 月平均气温 3℃，7 月平均气温 18℃，年平均气温 10℃。全年降雨分布均衡，夏秋季稍多，年平均降雨量为 619 毫米。

▶历史沿革

公元 508 年，法兰克王国定都巴黎。10 世纪末，雨果·卡佩国王在此建造了皇宫。此后又经过了两三个世纪，巴黎的主人换成了菲利浦·奥古斯都（1165～1223）。此时的巴黎已发展到塞纳河两岸，教堂、建筑比比皆是，成为当时西方的政治文化中心。

1789 年，法国爆发了大革命。作为革命的措施之一，巴黎的很多建筑被更名或毁坏：路易十五广场被更名为协和广场，巴黎圣母院被更名为"理性堂"，杰出的哥特式建筑圣雅克教堂被夷平，旺多姆广场的路易十四铜像、新桥的亨利四世铜像和巴黎其他各处的国王铜像被推翻。大革命结束后，拿破仑对巴黎进行了新的扩建工作，兴建了巴黎凯旋门和卢浮宫的南北两翼，整修了塞纳河两岸，疏浚河道，并修建了大批古典主义的宫殿、大厦、公寓。

此后的巴黎历经反法同盟占领、1830 年七月革命、1848 年革命，到拿破仑三世时期，城市已经破败不堪。1859 年，拿破仑三世任命塞纳大省省长、巴黎警察局长乔治·欧仁·奥斯曼男爵负责巴黎的大规模城市改造。奥斯曼拆除了巴黎的外城墙，建设环城路，在旧城区开辟出许多笔直的林荫大道，并建设了众多新古典主义风格的广场、公园、住宅区、医院、火车站、图书馆、学校以及公共喷泉和街心雕塑，还利用巴黎地下纵横交错的旧石矿建造了城市给排水系统。但是他也拆掉了许多珍贵的历史遗产和文物，对巴黎旧城的破坏一直存在历史争议。

1870 年普法战争和 1871 年巴黎公社期间，巴黎再一次遭到战争的破坏。巴黎公社在面临失败时，于 1871 年 5 月 24 日放火烧毁了巴黎的众多主要建筑。此后巴黎经历了第二次大规模发展时期。作为法国大革命一百周年纪念，同时为了迎接巴黎世界博览会，巴黎于 1889 年修建了埃菲尔铁塔。为迎接 1900 年世界博览会修建了巴黎地铁，同时建造了大皇宫和小皇宫。

第一次世界大战和第二次世界大战期间，巴黎都没有遭到严重破坏，但是在二战期间被德军所占领。1944 年巴黎解放前夕，希特勒曾经下令彻底摧毁这座城市，但这个命令没有被执行。1944 年 8 月 25 日，巴黎解放。

战后的巴黎继续向四周发展，到 20 世纪 70 年代停止盲目扩张，改为发展郊区卫星城。70 年代末开始，在巴黎西郊的上赛纳省建设了拉德芳斯中心商务区（CBD）。如今巴黎作为法国的首都和政治、文化、商业中心，仍然发挥着不可替代的作用。

▶ 人文风情

早在 1469 年，法国第一家印刷厂便在拉丁区诞生，至今巴黎的新闻出版业仍雄踞首位。世界最大的通讯社之一——法新社设在交易所广

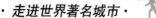

场，150 家分社遍布全球。巴黎出版的《世界报》和《费加罗报》享有国际声誉。拉丁区也是法国高等教育的摇篮，古老的巴黎大学现已分为 13 所独立的大学，共有 30 多万学生，其中 5 所分布在郊区。

巴黎是世界历史名城，名胜古迹比比皆是，埃菲尔铁塔、凯旋门、爱丽舍宫、凡尔赛宫、卢浮宫、协和广场、巴黎圣母院、乔治·蓬皮杜全国文化艺术中心等，是国内外游客流连忘返的地方。美丽的塞纳河两岸，公园、绿地星罗棋布，32 座大桥横跨河上，使河上风光更加妩媚多姿。河中心的城岛是巴黎的摇篮和发源地。塞纳河畔圣米歇尔林荫大道有绵延数千米的旧书市场，每天都有不少国内外学者、游客来这里选购心爱的古籍，形成塞纳河畔古老的文化区——拉丁区的一大特色。

文化人是巴黎社会生活灵魂。19 世纪法国作家巴尔扎克、普鲁斯特、波德莱尔、兰波、乔治·桑、肖邦、王尔德、科莱特、热奈；20 世纪毕加索、本雅明、纪德、萨特、波夫娃、加缪、罗兰·巴特、福科，这些文化名人，组成巴黎社会文化人群落。

以夏特勒广场为基点，从其周围到香榭丽舍大道都是市中心，亦即这块巴黎市中心是全城最古老，但也最热闹的地点。市中心的“中心”是为塞纳河所围绕的西堤岛上的圣母院和巴黎地方法院。

西堤岛之北，是协和广场、巴黎歌剧院（即加尼埃歌剧院）、马德莲教堂、卢浮宫、杜勒丽花园等都位于右岸市中心这一地区。从卡卢索凯旋门为起点，进入杜乐丽花园，经协和广场方尖碑，顺着香榭大道直通庄严的凯旋门，再延续到拉德芳斯的方舟建筑，这条中轴线是举世知名的风景线。

若以香榭大道为分界线，往西看，是巴黎的象征——艾菲尔铁塔，左岸是荣军院。更北一些，蒙马特山丘上的圣心堂白色尖顶仿如地标似的耸立，是仅次于艾菲尔铁塔高度的巴黎地标景物。

巴黎歌剧院

巴黎拥有 50 个剧场、200 个电影院、15 个音乐厅。巴黎歌剧院是

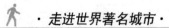

世界上面积最大的歌剧院，位于市中心的奥斯曼大街，占地 11 万平方米，整个建筑兼有哥特式和罗马式的风格。法国国家音乐学院和舞蹈学校也设在这里。

泰尔特尔艺术广场

巴黎的"街头艺术"十分活跃，城市西北部的泰尔特尔艺术广场是世界闻名的露天画廊，每天都有不少画家在这里即兴作画出售。在市中心的沙特莱广场和圣·日耳曼德伯广场等地，青年学生和市民经常自带乐器举行音乐会，表演各种节目。

卢浮宫

这个举世闻名的艺术宫殿始建于 12 世纪末，当时是用作防御目的，后来经过一系列的扩建和修缮逐渐成为一个金碧辉煌的王宫。从 16 世纪

卢浮宫

起，弗朗索瓦一世开始大规模的收藏各种艺术品，以后各代皇帝延续了这个传统，充实了卢浮宫的收藏。如今博物馆收藏的艺术品已达 40 万件，其中包括雕塑、绘画、美术工艺及古代东方、古代埃和古希腊罗马艺术等 7 个门类。1981 年，法国政府对这座精美的建筑进行了大规模的整修，从此卢浮宫成为专业博物馆。值得一提的是，卢浮宫正门入口处有一个透明金字塔建筑，它的设计者就是著名的美籍华人建筑师贝聿铭。

埃菲尔铁塔

建于 1889 年，是为当时的国际博览会而建的，建成后遭到很多非议，说是一堆烂铁破坏了巴黎的美。如今，这座曾经保持世界最高建筑纪录 40 多年的铁塔已成为巴黎最重要的标志。

凡尔赛宫

凡尔赛宫原来是王室狩猎的地方，路易十四开始（1682 年）至法国大革命期间的王宫，这也是所有到巴黎的人必到的地方，王宫后面是一个巨大的御花园。

巴黎圣母院

巴黎圣母院位于巴黎的发源地西岱岛，建于 1163 年，历时四百年完工，是哥特式教堂的代表作。巴黎圣母院内部装璜严谨肃穆，彩色玻璃窗设计引人，飞扶壁及怪兽出水口唯妙唯肖。

凯旋门

凯旋门地处宽阔的星星戴高乐广场。这里是香舍里榭大街的尽头，又是沙佑山丘的最高点。从戴高乐广场向四面八方延伸，有 12 条大道。宏伟、壮丽的凯旋门就耸立在广场中央的环岛上面。这座拱门是在拿破仑时期 1806 年由夏尔格兰负责动工建筑的。根据拿破仑的命令，它被用来纪念法国大军。凯旋门建成于 1836 年，它只有一个拱洞，上为桶形穹窿，其规模超过了罗马的康斯坦丁凯旋门。高 50 米，宽 45 米，凯旋门的每一面上都有巨幅浮雕。

其中最著名也是最精美的的一幅就是位于面向香舍里榭大街一面

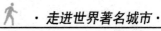

巴黎凯旋门

右下侧的浮雕，上面描绘了 1792 年义勇军出征的情景，这一名作取名《马赛曲》。拿破仑大捷庆祝仪式的场面则被刻在这幅浮雕上方的其他位置，在顶端的盾形饰物上刻有每场战役的名称。1920 年在拱洞下建了一处"无名战士墓"，每到傍晚，这里便燃起不灭的火焰。建筑物里还有一座小开支的纪念馆，馆内记载着这座纪念性建筑物的历史，在那里，游人可以看到 558 位将军的名字，其中一些人的名字下面划着线，表示这些人都是在战斗中阵亡的。